G. MARANNE

LEOPOLD Ier

ROI DES BELGES

1831-1865

La Belgique recouvre son indépendance

EN DÉPOT
CHEZ MM. LEBEGUE ET Cie, LIBRAIRES,
46, RUE DE LA MADELEINE
BRUXELLES

LÉOPOLD IER

ROI DES BELGES

Saint-Maixent. — Impr. Reversé.

G. MARANNE

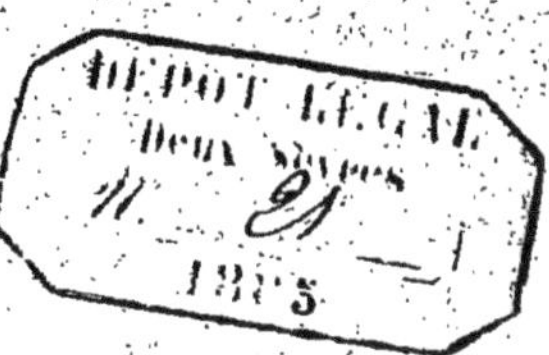

LÉOPOLD IER

ROI DES BELGES

1831-1865

La Belgique recouvre son indépendance

EN DÉPÔT
CHEZ MM. LEBÈGUE ET Cie, LIBRAIRES,
46, RUE DE LA MADELEINE
BRUXELLES

J'écris cet opuscule pour rendre hommage au rôle glorieux du roi Léopold Ier.

Passionnément épris de la liberté, il sut en faire profiter son peuple tout entier.

Il sut délivrer son pays de l'oppression pour le rendre grand et prospère.

Rappeler ces faits, c'est en perpétuer le souvenir et en glorifier l'auteur.

Le peuple ne doit pas oublier de pareils hommes !

Je dédie ce travail à Léopold II.

Ce Prince marche sur les traces de son père, et sous son habile direction la Belgique continue à progresser sagement et librement.

Puisse ce pays reconnaître ses bienfaiteurs et ne pas les oublier !

G. MARANNE.

CONSIDÉRATIONS GÉNÉRALES

La sagesse en politique voudrait que l'on s'inspirât de la marche des temps et de la nature des événements pour régler ses actes ou modifier ses vues.

Il n'en est point ainsi.

Le scepticisme a envahi les esprits les plus résolus et ébranlé les courages les mieux trempés.

En France nous constatons le règne du positivisme, cette plaie du XIXe siècle.

Il envahit toutes les branches de la société avec la complicité d'un gouvernement sans scrupule.

Il étiole une génération qu'il prétend fortifier.

Il corrompt des mœurs qu'il dit réformer !

Il blesse des sentiments qu'il ose dire respecter !

Il prêche l'égoïsme pour abuser plus librement et plus légalement du despotisme... Tout cela au nom de la fraternité.

Voilà ses conséquences les plus directes.

Aujourd'hui c'est la politique des rassasiés qui continue à s'épanouir.

Elle laisse le peuple s'endormir dans les fêtes, dans les spectacles, comme dans la Rome antique.

— *Panem et circenses !* crient-ils tous.

Et le luxe s'étale plus impudent que jamais. Chacun s'abandonne au faste, aux plaisirs, à la vanité et à la mollesse.

Des places ! de l'or ! Tout le monde en veut.

C'est une soif ardente qui dévore la société.
— *Auri sacra fames !*

Pendant ce temps le peuple se nourrit de vide.

Des promesses, on lui en fait.

Mais pour les réaliser, jamais !

C'est que, pour assurer à une transformation sa durée, pour réaliser un progrès sensible, il faut autre chose que des mots.

Il faut étudier, étudier longtemps pour arriver àproduire quelque chose qui ait chance de vie.

De notre temps on veut aller comme le siècle, c'est-à-dire à la vapeur.

Mais, comme la vapeur qui éclate et brise tout autour d'elle, on se heurte bien vite à des impossibilités qu'on n'avait pas su prévoir.

Aussi criera-t-on longtemps progrès en allant à reculons.

L'ambition dévore le cœur humain.

Celui qui est simplement arrogant se croit un grand homme. Il émettra mille idées souvent plus saugrenues les unes que les autres. L'ignorance ou la complaisance suffit quelquefois à les faire vivre jusqu'au moment de la désillusion !

Mais alors?

Quel spectacle! Que de cris, que de plaintes, que de reproches !

La désillusion ! — Quelle amertume pour beaucoup ! Pour les uns, c'est la misère après avoir espéré la fortune, c'est la souffrance après avoir soupiré après le bien-être.

Pour les autres, c'est l'ambition inassouvie, c'est la vanité jamais satisfaite, c'est l'évanouissement de tous les beaux rêves entrevus, — puis enfin, c'est le découragement avec son cortège sinistre.

Et c'est sous un gouvernement républicain, qui se dit démocratique et libéral, que l'on voit étouffer les traditions de respect, de morale et de vertu! Singulière démocratie que Washington eût certainement reniée.

L'esprit est devenu moins libre que le corps. Dès l'enfance on cherche à l'empoisonner par des manuels répugnants, où des gens qui ne savent qu'inventer sur la légendaire histoire du père Loriquet s'évertuent encore à la dépasser pour leur propre compte.

Ils affichent ouvertement les mensonges les plus odieux, ils travestissent les faits les mieux connus, ils bourrent leurs livres de récits ridicules où l'athéisme et l'ineptie se le disputent.

Après le vol des rentes, c'est le vol des consciences!

C'est l'étude obligatoire du vice!

L'esprit n'aura plus le choix de s'élever ou de s'abaisser.

Il sera condamné à vivre des ordures dont la République le nourrira.

Positivisme, matérialisme, voilà le mot d'ordre de l'instruction laïque républicaine.

Comme conséquences nous pouvons ajouter: *Libertinage et crétinisme!*

Il est possible d'autre part d'attribuer au libéralisme de nos gouvernants la profusion avec laquelle ils répandent non pas l'instruction mais les instituteurs.

Cette multiplication à l'infini dans toutes les moindres communes de ces agents préfectoraux n'a eu qu'un but: placer partout au milieu des populations rurales des espions, qui s'occuperont beaucoup plus de politique que d'instruction, et qui seront toujours là pour informer le préfet de ce qui se passera.

Telle est l'œuvre actuelle des instituteurs communaux.

Si, en inondant le pays de cette nuée de pédagogues, le gouvernement n'avait eu que l'intention de propager l'instruction, il n'aurait pas mis en vigueur ces fameux décrets contre des hommes dont la vie était vouée à l'étude et qui consacraient tous leurs instants à instruire la jeunesse.

Et ils s'intitulent *libéraux* ces gens qui proscrivent et chassent des citoyens libres d'une même patrie !

Et ils invoquent la justice ces gens qui violent les demeures, ferment les temples et imposent à la nation une instruction tyrannique et vexatoire !

Et ils disent que nous avons la liberté !

Amère ironie, c'est le régime le plus absolu et le plus arbitraire qu'on ait vu depuis de longues années.

C'est la tyrannie mise à la portée de tous les petits personnages rancuniers et serviles.

Et pour parler ainsi je n'ai absolument besoin que de me tenir sur le terrain libéral qu'ils invoquent à tout propos.

Les vrais, les seuls libéraux, les seuls hommes de progrès aujourd'hui sont ceux que les républicains qualifient, avec plus de jalousie que d'ironie, de *réactionnaires !*

Oui, ce sont ces réactionnaires qui se sont emparés du drapeau du progrès; qui luttent tous les jours pour la liberté menacée, la réclamant pour tous, combattant au premier rang pour la défense de ses droits et le respect de la légalité devant la loi !

C'est en vain qu'on essaiera de donner le change; le peuple finira par le comprendre. Les faits de tous les jours parlent assez haut.

Sinon, il faudrait désespérer du bon sens de notre pays !

Il est vrai que le peuple se laisse facilement abuser.

Cette liberté a illusionné tant d'esprits.

Mais le nom ne suffit pas à la chose. Il faut savoir s'en servir sans se laisser aller au sentimentalisme des philosophes, qui ne parlent de la liberté qu'en visionnaires.

C'est là qu'il faut être positif pour en faire une application juste et raisonnée, sans quoi, et nécessairement, on tombe dans la confusion et l'anarchie.

Napoléon III, qui en avait étudié et compris le mécanisme, avait su l'appliquer admirablement au grand mécontentement de tous ces prétendus libéraux, devenus plus tard les hommes de la Révolution ou de la Commune.

Un roi, avant lui, avait déjà donné à la France la plus grande somme de libertés possibles. Je veux parler du libéral Louis-Philippe Ier.

Eh bien, oui! ce roi populaire avait accordé au pays plus de libertés que la République ne lui en a jamais données!

C'est ce qui le renversa, du reste.

Tous ceux qui se rappellent la monarchie de Juillet vous diront qu'ils étaient cent fois plus libres et plus heureux qu'aujourd'hui. La liberté était bien comprise, l'égalité était respectée et la fraternité n'était pas un vain mot.

Aussi que de fois n'a-t-on pas dit que la monarchie de Louis-Philippe était la plus belle République qu'on eût pu désirer !........................

....

Heureux encore les peuples qui, après un ébranlement passager, voient s'avancer à l'horizon politique le bras sauveur d'un homme de génie !

Il est des princes en effet, pionniers plus hardis et plus courageux, qui savent affirmer leur supériorité.

Ils se font les apôtres du progrès, mais du progrès durable.

Il en est qui ont comme une prescience.....

Ils sentent qu'ils peuvent aller de l'avant impunément.

Natures d'élite qui conçoivent avec justesse et qui exécutent hardiment.

Le souffle de liberté qui passe sur notre monde moderne reste vicié et corrompu, pour n'avoir pas su se maintenir dans les sphères élevées de la justice.

De cette idée d'égalité on a fait un levier révolutionnaire dont on se sert aujourd'hui, au milieu de nos malpropretés sociales, pour légitimer les idées de vol et de partage !

Un peuple qui descend un pareil courant n'est-il pas un peuple perdu ?

Aussi, quand on considère tout ce qui se passe autour de nous, quand on voit toute la tourbe qui s'y agite, se hâte-t-on de détourner les yeux pour les reporter sur une terre plus libre et plus fière où jadis un grand souverain a fait fleurir cette liberté que tous les peuples veulent acclamer, mais que la plupart s'ingénient à flétrir et à souiller !

Les princes qui veulent entreprendre ces rudes besognes doivent se sacrifier d'avance, martyrs de leurs idées et des principes dont ils veulent assurer le triomphe.

Nous irons prendre notre modèle en Belgique.

C'est là en effet que s'est épanoui d'une façon toute spéciale ce libéralisme juste et honnête, assez rapide en progrès, mais si fécond en transformations et en améliorations qu'il a assuré la gloire et consacré l'immortalité du roi Léopold Ier.

Partisan résolu de la liberté, il chercha par des lois savamment combinées à en assurer la pleine jouissance à ce peuple belge qu'il aima si fort.

Quand il prit les rênes de l'Etat, il le fit avec la ferme résolution de rester roi constitutionnel.

Louis-Philippe, également en France, voulut rester roi parlementaire. Mais le peuple français n'est pas de taille à supporter un pareil régime.

Il faut pour cela beaucoup de sang-froid, beaucoup de calme, beaucoup de vertus.

Les fameuses séances du Congrès de Versailles, en 1884, nous ont démontré tout l'atticisme du langage parlementaire, dans un pays aussi bouillant que la France, et ont condamné définitivement ce régime chez nous.

Le prince Léopold fut proclamé roi des Belges le 21 juillet 1830.

Sa grandeur de caractère, l'élévation de ses sentiments, sa générosité d'âme firent de lui l'idole du peuple belge.

Il ouvrit à Bruxelles la vraie voie libérale et parlementaire.

Il paraît que son peuple était mûr pour cela.

Il en fut le champion le plus ardent et le plus convaincu.

En vertu de ce principe constitutionnel : *le roi règne et ne gouverne pas,* le prince Léopold sut toujours éviter de devenir un germe de discorde au sein des conseils du gouvernement.

Non pas qu'il cherchât à se débarrasser du lourd

fardeau de la responsabilité, mais parce qu'il tenait surtout à laisser le plus d'indépendance possible à chacun de ses ministres.

Par sa prudente réserve, le tact et l'adresse dans sa façon de conseiller, il jouissait d'une grande autorité morale sur tout son entourage. Les hommes d'Etat belges ne manquaient jamais de venir s'inspirer près de lui.

On prisait ses avis, et presque toujours on les suivait.

Il s'imposait par son savoir et son habileté dans toutes les affaires.

Il n'était pas de questions controversées qu'on ne lui soumît sans qu'il les résolût à la satisfaction générale. Il tranchait les difficultés les plus graves avec une adresse qui dénotait chez ce prince une grande expérience des hommes et des choses.

Avec cela, il faut bien le dire, le prince Léopold avait su s'entourer d'une pléiade d'hommes illustres, de savants, de législateurs fameux, aimant passionnément leur pays et désirant servir avec fidélité leur roi !

Nous allons essayer, dans ce modeste volume, d'esquisser à larges traits la vie politique et toute d'abnégation du prince Léopold Ier.

Mais, avant d'entrer plus avant dans notre sujet, disons de suite que tout en louant le régime constitutionnel de la Belgique, tout en admirant son merveilleux mécanisme et son habile application, nous ne sommes pas de ceux qui l'admettent pour tous les pays.

Chaque arbre produit ses fruits et chaque fleur s'épanouit sous le climat qui lui est propre.

Les peuples font leur gouvernement.

La France, elle, veut l'autorité. Elle a soif de justice. L'une ne peut vivre sans l'autre, car la justice ne peut exister qu'avec l'autorité comme sauvegarde.

Il faut au Français, léger et folâtre, une volonté ferme pour le diriger, un sabre pour lui commander et une main ferme pour le contenir.

Notre qualité de Français nous conduira de temps à autre à faire ces rapprochements entre la Belgique et notre pays. Ce ne sera pas à notre avantage.

. . . .

Cette réserve faite, reprenons notre sujet.

Le prince Léopold est le fondateur en Europe du régime constitutionnel. Nous laissons de côté l'Angleterre dont les mœurs et le tempérament sont plus différents des nôtres que ceux des autres pays voisins.

Par la fidélité que ce prince garda à ses serments, par les bonnes œuvres, les grandes pensées et les fécondes transformations dont son gouvernement fut rempli, son règne apparaît comme entouré d'une auréole de gloire !

Il fut un travailleur et un lutteur.

Nous fouillerons ensemble, lecteurs, cette vie publique si longue et si bien remplie.

Nous recueillerons les événements qui s'y succédèrent presque sans interruption, et nous pourrons facilement nous convaincre, en embrassant les faits de cette longue carrière, que Léolpold Ier a résumé sa vie politique dans le triomphe des idées d'indépendance et de liberté.

C'est le plus beau fleuron de sa couronne !

CHAPITRE PREMIER

Léopold Ier de Saxe-Cobourg-Gotha.

Avant d'examiner les œuvres politiques accomplies sous le règne du roi Léopold, il est bon de jeter un rapide coup d'œil sur ses premières années de jeunesse, d'étude et de travail.

Le lecteur y trouvera les éléments nécessaires pour avoir une idée exacte sur la valeur de ce prince, et sur les qualités sérieuses qui le distinguaient déjà.

Sa vie d'adolescent est comme la préface de sa vie royale.

Elle reflète la grandeur de son administration future.

Elle fait présager le rôle important que jouera plus tard ce jeune prince sur la scène politique.

Elle porte la marque d'une nature d'élite à

laquelle la Providence a départi ses dons les plus rares.

Heureux les princes aussi merveilleusement doués et qui se préparent à gouverner les peuples !

Heureux les peuples qui possèdent des administrateurs aussi accomplis !

Des premières études dépendent souvent les résultats heureux ou malheureux de la vie.

L'âme, également accessible aux bons comme aux mauvais penchants, à la vérité comme à l'erreur, s'abandonne aisément à la voie qu'on lui trace.

Parfois elle s'en écarte, mais c'est alors le fait de caractères plus vigoureux chez qui la raison domine et maîtrise l'instinct.

Le roi Léopold Ier descendait d'une des plus anciennes maisons d'Allemagne, la maison des Saxe-Cobourg-Gotha.

Sorti de ces races teutonnes, que la froideur de tempérament rend plus aptes aux ruses de la politique, il devait bénéficier de ces tendances naturelles et emprunter à ce caractère fortement trempé la finesse du diplomate qui le fit distinguer parmi les premiers.

Il était de cette race germanique sobre et chercheuse, que rien ne décourage, qui ne rencontre les difficultés que pour chercher à les vaincre; race de savants, quoi qu'on dise, parce que c'est une race de travailleurs ; race énergique, parce qu'elle a foi en ses propres forces dans toutes les branches des arts !

N'est-ce pas elle qui, après tant d'excellents généraux et diplomates, nous fournit encore le prince de Bismarck, le puissant continuateur de l'œuvre du grand Frédéric !

Le lecteur me pardonnera de rendre hommage ici à nos ennemis d'hier et d'aujourd'hui.

Je les hais, sans aucun doute, aussi fortement qu'aucun de mes compatriotes.

Comme tout Français, je les abhorre et les déteste cordialement.

Mais il ne s'ensuit pas qu'il faille, à cause de cela même, juger les peuples suivant sa colère ou sa haine. Il faut écrire ce que l'on croit être la vérité. Il faut rendre justice à chacun.

C'est ce que j'ai fait ici.

Le prince Léopold était né le 16 décembre 1790. Il était fils du feu duc François de Saxe-Cobourg. L'époque réservée par la Providence pour la naissance de ce jeune prince ne pouvait être mieux choisie.

Il allait grandir au milieu des grandes révolutions et des luttes épiques.

Il allait entendre tout autour de lui le craquement des vieux trônes royaux, et assister au démembrement de bien des pays.

Le canon des batailles présida à sa naissance, et la fumée des combats forma comme une sombre auréole autour de son berceau.

C'est au milieu de tant d'événements, dont l'histoire garde le souvenir impérissable, qu'il forma sa jeunesse.

Le prince Léopold était uni par le sang aux souverains des grandes puissances alors en lutte avec Napoléon Ier.

Il put, sans se jeter complètement dans la mêlée, profiter de toutes les circonstances avantageuses.

Par sa situation tout exceptionnelle de parenté avec les souverains guerroyant, grâce à cette jeunesse qui ne porte jamais ombrage, il put suivre les négociateurs et les négociations, devenir le témoin de ces luttes gigantesques sans éveiller des soupçons chez son ennemi.

Dès son plus bas âge, il était donc à même de former son esprit aux grandes choses.

L'âme généreuse du prince Léopold s'imprégnait fortement de ces luttes héroïques, et le contact journalier des plus grands capitaines façonnait heureusement son tempérament.

C'était autant d'avantages qu'il recueillait.

Les princes n'ont jamais trop d'expérience ni de maturité pour la vie politique.

De toutes les sciences, elle est celle qui exige le plus de finesse et de savoir-faire.

Bien qu'elle paraisse la plus facile, elle est cependant la science la plus délicate, parce qu'elle est la plus complexe. Est-il un animal plus malaisé à conduire que l'homme?

Dès son plus bas âge, le prince passait pour un esprit réfléchi, profond et pratique, possédant le don précieux d'assimilation, n'aimant point les plaisirs futiles, fuyant l'oisiveté, consacrant ses plus heureux instants au travail.

C'est ainsi que par l'étude se préparent les hommes d'avenir.

Doué d'une douceur de caractère qui n'excluait point la fermeté, il n'affectait ni raideur ni familiarité dans ses entretiens.

Sa physionomie plutôt grave que gaie laissait percer la franchise et la loyauté. Le regard doux mais assuré indiquait la détermination et l'invariabilité.

Il était fier sans hauteur et affable sans éclat. C'est-à-dire que tout en maintenant son rang il laissait percer cette bienveillance qui savait séduire tout le monde.

Le prince Léopold se faisait aimer de tous ceux qui l'approchaient.

Il captivait ses auditeurs par ses manières charmantes, sa conversation agréable et instructive, son esprit étincelant.

Il se formait bien vite entre lui et les visiteurs une sorte de courant de sympathie dont on se serait défendu en vain.

C'est le partage des grands hommes d'attirer comme l'aimant. Il sut à ce point se faire estimer de ses sujets, que le peuple, plus tard, en témoignage d'amour, ne l'appela plus que son *père*.

Sous l'écorce un peu froide de l'homme on devinait aisément la bonté d'âme du philosophe. Que de personnes se sont adressées à Léopold, dont les *placets* ont trouvé un juste écho dans son cœur!

On ne s'adressait pas en vain à sa justice. Il recevait toutes les doléances, les écoutait avec sollicitude, et ne manquait jamais de donner une réponse à toutes, si illégitimes parussent-elles.

Par ce moyen il montrait qu'il savait s'occuper des intérêts d'un chacun.

Sa sœur Juliane épousa le grand duc Constantin.

Il allait pouvoir profiter de cette alliance.

Par ce mariage la maison de Cobourg se trouvait alliée à celle des Romanof.

Ce fut pour le prince Léopold, actif et résolu, une occasion unique de tirer parti de cette situation exceptionnelle.

Devenu l'allié de la maison de Russie, par le mariage de sa sœur, il offrit ses services à cette puissance, qui les accepta. L'empereur Alexandre le reçut dans ses armées avec le grade de général.

C'est une nouvelle vie qui va commencer pour lui, la vie des camps. Loin de se décourager, il prend très au sérieux son nouvel emploi.

Il s'identifie promptement avec sa nouvelle charge et en remplit tous les détails avec autant d'intelligence que de tact.

Il sait inspirer aux soldats la confiance. Il se fait obéir et respecter sans user de contrainte. On voit qu'il possède déjà l'étoffe d'un capitaine. Le 27 septembre 1808, à l'entrevue d'Erfurth avec Napoléon Ier, où il s'agissait de confirmer un partage secret de l'Europe, l'empereur Alexandre se fait accompagner du prince Léopold.

Il assiste à ce congrès avec les plus illustres capitaines du siècle, et c'est avec de tels professeurs qu'il fait son apprentissage dans la carrière militaire.

Pressentant déjà le rôle qu'il devait jouer sur la scène politique, il prenait un vif intérêt à discuter les questions européennes.

Il les étudiait à fond pour ne pas être surpris, ni paraître ignorant dans les débats qui pouvaient être soulevés.

Il scrutait silencieusement les controverses qui naissaient de ces conférences, et seul avec le Czar, il l'aidait parfois d'un conseil utile, résultat d'une juste observation. Le prince Léopold n'était point passé inaperçu dans la foule.

Napoléon, avec ce flair qui le distinguait, avait senti de suite tout ce que valait ce jeune diplomate, et tout le prix que pouvaient en retirer les puissances, ses ennemies.

Le Grand Empereur qui aimait à être le maître partout, et qui ne voyait point avec plaisir quelqu'un lui porter ombrage, songea à se débarrasser du prince Léopold. Sa méfiance était née de la crainte même que lui inspirait le jeune prince.

Pour déterminer les puissances à le renvoyer et pour qu'il n'ignorât pas lui-même les dangers de sa situation, Napoléon menaça d'user de mesures de rigueur à son égard s'il ne partait pas.

Le prince Léopold, qui savait à quoi s'en tenir sur les menaces de Napoléon, et qui ne voulait point faire naître de conflits, prit la détermination de borner pour le moment sa sphère d'activité aux intérêts et aux affaires de sa maison.

Il ne resta pas pour cela complètement indifférent aux questions extérieures qui préoccupaient tant les diplomates de toutes les nations.

Sans se jeter en pleine mêlée politique, il sut néanmoins user adroitement de la liberté que lui laissait le grand souverain du monde.

C'est ainsi qu'à Munich, en 1811, il négocie un traité pour la délimitation des territoires.

Mais bientôt il se sent trop resserré dans le cercle étroit de ses prérogatives. Le peu de liberté et d'initiative qu'on lui laisse l'étouffe.

Désireux de compléter son instruction, il se prépare à visiter les différents états de l'Europe. Il savait que par les voyages les hommes se trempent et se fortifient. C'est par là qu'ils acquièrent le complément d'instruction qui leur fait si souvent défaut. Le caractère et la manière d'être se modifient souvent suivant les contacts.

Un prince a besoin d'étudier les différentes races, de connaître leurs mœurs, leurs usages, leurs coutumes. A cette étude, son esprit se façonne, se développe et se fortifie.

La diplomatie doit être, chez un roi, la première qualité. C'est un rude labeur que le métier de diplomate.

Rien n'exige tant de savoir-faire. Car c'est un combat incessant contre la ruse, la supercherie, la rouerie, l'hypocrisie sous toutes ses formes : c'est un travail incessant des qualités de l'esprit pour rester en éveil et dépister toutes les embûches que lui tendent ses adversaires.

Ah ! c'est un métier difficile..................

....

Quelle expérience ne faut-il pas pour arriver à l'habileté d'un Mazarin ou d'un Richelieu !

Il faut savoir allier beaucoup de prudence à beaucoup de fermeté, et beaucoup de fermeté à beaucoup de ménagement et d'adresse.

En un mot la diplomatie est ce qu'il y a de plus délicat.

En politique c'est la science des gourmets. Elle ne s'acquiert que par une étude continue de l'espèce humaine, qu'il faut suivre pas à pas dans ses différents changements et ses subites transformations.

Le prince Léopold parcourut successivement l'Autriche, l'Italie, la Suisse. Pendant ce temps, l'état des choses se modifia. Il vit tomber cette sorte d'interdit prononcé contre lui par Napoléon Ier.

La bataille de Leipsig, perdue par la défection des alliés Saxons et Wurtembergeois, força Napoléon à battre en retraite devant la coalition, et à se retirer sous Paris.

Aussitôt le prince Léopold se rend en Pologne, reprend sa place dans l'armée russe auprès de l'empereur Alexandre et le suit jusqu'à Paris. De ce moment il ne quitte plus les armées alliées et attache son sort au leur.

En 1814, il accompagne les souverains alliés en Angleterre, où vont se tramer toutes les conspirations contre Napoléon.

Au mois de février, il s'en va assister au congrès de Vienne.

Puis l'Empereur tente son retour de l'île

d'Elbe et se trouve en présence de la vieille Europe coalisée qui ne peut plus souffrir d'être battue.

Le prince Léopold court alors se ranger sous les drapeaux des alliés, assiste à toutes ces admirables batailles qui précédèrent la chute de Paris, séjourne quelque temps dans cette ville après la capitulation, puis retourne à Berlin.

Déjà pendant son séjour en Angleterre, la cour avait su apprécier la noblesse de caractère de ce jeune prince.

Son tact exquis, ses manières charmantes, son esprit vif et enjoué lui avaient promptement gagné tous les cœurs.

Pendant qu'il était à la cour de Berlin, il reçoit une invitation d'aller à Londres. Il s'y rend et au milieu de cette cour à cheval sur l'étiquette, remplie de hauteur et de morgue, il sait se faire bien venir.

Ce voyage ne devait pas s'arrêter à une simple visite. Il devait avoir une plus grande portée dans les destinées du prince Léopold.

L'héritière de la couronne d'Angleterre, la princesse Auguste-Charlotte, née le 7 janvier 1796, conçut une vive affection pour son jeune hôte. Cette affection fut vite partagée, et, quelque temps après, un message du prince régent annonçait aux deux Chambres le mariage du prince Léopold et de la princesse Charlotte.

En vue de cette union qui se contractait sous les plus riants auspices, le prince Léopold fut naturalisé Anglais par acte du parlement du 27 mars 1816.

Il fallut se soumettre aux exigences de l'Angleterre et ne pas froisser son amour-propre. Aussi qu'il nous soit permis de dire que cette naturalisation a été toute de hasard, bien que le prince Léopold eût pu conserver secrètement l'espoir de régner un jour sur le peuple Anglais.

La naturalisation n'infusera jamais qu'artificiellement l'esprit des races, le sang est toujours là qui parle et qui réclame ses droits.

Comme les fleurs artificielles, la naturalisation n'offre que les apparences de la réalité.

Cette union, pour laquelle le plus brillant avenir semblait réservé, qui avait été contractée avec tant de joie des deux côtés, à laquelle tout paraissait sourire, ne devait, hélas ! durer que peu de temps. Le 5 novembre 1817, au printemps de sa vie et de son bonheur, la princesse Charlotte mourait en couches, emportant au tombeau les espérances que la nation anglaise avait fondées sur son mariage.

Cruellement affecté par cette perte, le prince Léopold mena une existence fort retirée, vivant d'une pension annuelle de 50,000 livres sterling que lui servait le gouvernement anglais.

Il consacrait tout son temps à l'étude, se façonnant ainsi silencieusement, et presque sans s'en douter, au rôle supérieur que lui réservait la Providence.

C'était l'époque des bouleversements et des révolutions. Le petit royaume de Grèce était en proie à l'agitation des factions qui voulaient s'emparer du pouvoir.

Les Hellènes voulaient reconquérir leur indépendance.

La Grèce bouleversée par les luttes intestines qui l'avaient déchirée, et dont elle était encore ensanglantée, sentait le besoin de se recueillir sous une habile direction.

Elle offrit la couronne au prince Léopold qui refusa.

Après de longues tergiversations pendant lesquelles le pouvoir passa en différentes mains, le comte Capo d'Istria le saisit à son tour et réussit à relever un peu ce pays.

Mais l'opposition ne fit que grandir ; les jalousies ne firent qu'augmenter. On accusa le président d'être un agent de la Russie et de vouloir constituer une monarchie héréditaire en faveur de sa famille.

Pendant ce temps-là, les puissances qui voyaient où pouvait conduire ce feu révolutionnaire qui couvait en Grèce, et dont une étincelle pouvait embraser l'Europe, cherchaient une solution à cette question.

(Disons, en passant, qu'à cinquante ans de distance, elle fait encore autant de bruit qu'à cette époque et que, petit état remuant et batailleur, il donne de gros fils à retordre à la diplomatie européenne.)

Un protocole, portant la date du 3 février 1830, émanant de la conférence des trois puissances tenue à Londres pour régler cette affaire, déclare la Grèce état indépendant et détermine les limites exactes de son territoire.

Puis un autre protocole, sorti de la même conférence, attribue la couronne de la Grèce au prince Léopold de Saxe-Cobourg. Celui-ci d'abord l'accepte le 11 mai, mais quelques jours plus tard, le 21, il y renonce par suite du refus des puissances d'accorder à la Grèce les frontières que ce prince jugeait nécessaires à son indépendance et à sa sécurité.

On ne peut s'empêcher d'approuver le motif de son refus. Les frontières, telles qu'on voulait les lui laisser, restaient ouvertes aux incursions des peuplades voisines et aux pirateries des brigands qui se forment là-bas en troupes nombreuses et redoutables. Elles pouvaient devenir plus tard la cause de troubles incessants qui nécessiteraient un état de guerre continu et un entretien ruineux de troupes considérables.

Ces questions de frontières sont toujours très délicates quand on ne veut pas vexer l'amour-propre des parties intéressées. Et cependant, bon gré mal gré, il faut arriver à les tracer.

Aussi, à notre époque, la Grèce, entourée de voisins jaloux de leur indépendance et de leur sécurité, n'a-t-elle pas encore réussi à se créer des frontières solides et durables.

Après son refus de monter sur le trône des Hellènes, le prince Léopold, avide de travail, se retira dans la vie privée pour continuer ses études à l'abri des importuns.

Il vécut ainsi dans sa retraite de philosophe jusqu'au 4 juin 1831, époque où le congrès réuni à Bruxelles, le proclama *roi des Belges*.

Ici, nous touchons aux plus glorieux instants de sa vie : nous entrons réellement dans la période de sa gloire et de sa puissance, dans celle qui voua son nom immortalisé à l'amour de la nation belge tout entière.

On a déjà pu voir combien le prince Léopold était accompli sous tous les rapports pour le rôle qu'il s'apprêtait à jouer !

Comme l'homme de guerre prêt au combat et qui arrive sur le champ de bataille tout équipé, le prince Léopold allait saisir les rênes du gouvernement belge avec l'expérience et la maturité d'un grand homme d'Etat.

Sa vie tout émaillée des souvenirs glorieux auxquels il avait pris part, toute pleine de recueillement et d'observations, le destinait sûrement à ces hautes fonctions.

Chez ce prince l'expérience avait mûri la raison ; c'était une nature d'élite qui avait grandi avec les circonstances.

Il ne pouvait qu'avoir profité des occasions merveilleuses qui s'étaient pour ainsi dire multipliées sous ses pas.

Heureux encore quand ces hommes mettent leur génie au service de leur pays et s'y dévouent avec désintéressement.

Peu de princes, à l'exemple de Léopold, n'avaient eu l'occasion d'étudier la politique et la guerre de si près.

Il avait assisté aux traités de Napoléon avec les rois coalisés. Il s'était trouvé mêlé à toutes les entrevues et avait suivi toutes les négociations.

Fort de cette volonté raisonnée qui fait les audacieux, il ne redoute pas d'assumer sur ses jeunes épaules le lourd fardeau de l'administration d'un état.

Il prend les rênes du gouvernement imbu des idées les plus larges et les plus sages. Il va sans hésitation au but qu'il se propose, armé de cette force invincible, le savoir !

Il va porter chez un peuple nouveau et y faire fructifier cette idée de liberté pour laquelle il sent battre chez lui un violent amour ! Les difficultés s'accumuleront sous ses pas, mais il saura les surmonter.

Son courage restera à la hauteur de la tâche qu'il entreprendra.

Qu'importent les veilles et les fatigues pourvu qu'il accomplisse son œuvre !

Le peuple belge saluera dans Léopold le prince loyal qui aura su acclimater la liberté dans son pays et immortaliser son nom par les réformes les plus généreuses.

CHAPITRE II.

Belgique et Hollande.

Avant d'examiner quelles furent les œuvres politiques accomplies durant le règne du roi Léopold Ier, jetons, si vous le voulez bien, un rapide coup d'œil sur l'état belge au moment où ce prince vint en prendre la direction.

C'est le seul moyen de bien faire saisir toutes les réformes de son administration et de bien en faire comprendre toute l'utilité.

On verra mieux à quel moment périlleux et difficile il prit les rênes de l'Etat, de quel dévouement à la nation et de quel grand amour du bien d'autrui il fallait être enflammé pour préférer au repos d'une vie studieuse les dangers, les tracas, les soucis et les agitations parfois stériles de la politique.

Nous sommes en 1819.

Suivant les termes du traité de Paris de 1814, la Belgique est encore sous la domination du roi des Pays-Bas, le prince Guillaume-Frédéric d'Orange-Nassau.

Le pays se fait difficilement à cette conquête et supporte malaisément la domination des Hollandais.

Cette annexion, ordonnée par le bon plaisir des plénipotentiaires et en vertu de cette maxime devenue déjà à la mode : *la force prime le droit*, sans souci de la volonté des annexés, sans consulter leurs sentiments, sans prendre en considération leurs droits, ne devait pas porter les fruits que ses auteurs pouvaient en attendre. L'Allemagne n'a-t-elle pas agi de la même manière en 1870, en nous volant l'Alsace et la Lorraine ?

Car, s'il est un sentiment conservé avec une fierté jalouse chez les peuples opprimés, c'est le sentiment de l'indépendance. Chez eux il devient un feu sacré qui couve longtemps peut-être, mais qui finit tôt ou tard par éclater.

Alors apparaissent ces révolutions qui sont

d'autant plus terribles que les peuples chez lesquels elles ont lieu sont restés plus longtemps esclaves.

Le mécontentement se faisait sentir partout chez le peuple belge. Le moindre prétexte servait à ses réclamations.

On sentait qu'une sourde colère, qu'une haine implacable fermentait dans toutes les classes de la société, à quelque parti qu'elles appartinssent.

C'était la haine commune contre l'envahisseur.

Aussi le gouvernement hollandais tenait-il ce peuple-esclave dans un état de méfiance continue.

Comme tous les peuples conquérants il s'abusait sur sa force et prétendait faire régner sur la nation belge l'absolutisme le plus révoltant.

Il ne voulait rien accorder aux pétitions nombreuses que signaient les habitants. Il ne daignait même pas leur répondre, froissant, par une série de vexations, la juste susceptibilité des Belges.

L'homme est ainsi fait que le dédain ou le mépris de la part de ses maîtres soulève sa fierté native et fait bouillir dans ses veines le feu de la révolte.

Au lieu de prendre vis-à-vis du peuple belge les attentions que comportait sa nouvelle situation, le gouvernement hollandais voulut se poser en dompteur et mener à coups de cravache cette petite nation.

Il ignorait que les dompteurs sont parfois dévorés par leurs bêtes.

Le peuple belge réclamait la responsabilité ministérielle.

Le roi de Hollande ne voulut rien accorder. La défiance augmenta encore vis-à-vis du gouvernement hollandais.

On vit les divisions cesser parmi les sectes et les rangs se serrer sans regarder aux opinions. Le danger commun réunissait tous les partis, *libéraux et cléricaux*.

Il n'y avait plus que des Belges prêts à lutter contre la domination étrangère.

Un grand nombre de journalistes éminents firent une vaillante campagne en faveur du principe de la souveraineté du peuple. Cela se concevait. Tout le monde luttait pour un but commun : recouvrer l'indépendance. Le danger réunissait tous les partis ; l'union faisait la force, et c'est ce qui explique pourquoi cette devise est restée celle du peuple belge.

Tous s'efforçaient de chercher la base d'un gouvernement constitutionnel.

Un déluge de pétitions s'abattit sur la Chambre. Ce débordement était provoqué par la campagne pétitionniste qu'avait entreprise un journaliste incarcéré, *de Pother*.

Mais il n'est pire sourd que celui qui ne veut entendre.

Le gouvernement irrité feignit de n'y prendre nulle garde tout d'abord ; puis pour répondre à ce qu'il regardait comme des provocations, il présenta le 11 décembre 1829 un projet de loi très sévère contre la liberté de la presse.

C'était jeter de l'huile sur du feu, sous prétexte de l'éteindre. On ne pouvait être plus maladroit.

Ainsi, cette presse qui pétitionnait, cette presse qui discutait, cette presse qui, sage et modérée, défendait les droits du peuple contre les entreprises et les usurpations de *maîtres imposés*, cette presse, il fallait étouffer sa voix vengeresse, il fallait la museler à tout prix.

A des réclamations libérales formulées par tout un peuple, on ne crut mieux répondre que par un projet de loi draconien destiné à remplacer un projet beaucoup plus libéral, rejeté quelque temps auparavant par la seconde Chambre des états généraux.

Tous les fonctionnaires (troupeau docile des gouvernements en place) eurent ordre d'adhérer aux principes posés dans le message royal.

Ce message, fabriqué dans les usines du gouvernement hollandais et pour les besoins de sa cause, contenait l'exposé des motifs de cette nouvelle loi, et démontrait d'une façon absolue qu'elle ne s'inspirait que du bon plaisir royal.

Les esprits, déjà fortement aigris, s'irritèrent davantage.

Les colères grondaient en présence de ce régime de fer qui allait s'inaugurer. Preuve déjà ancienne qu'avant de s'attaquer à cette puissance formidable qu'on nomme *la presse* un gouvernement doit y regarder à deux fois.

Plusieurs régimes ont été renversés pour la façon toute brutale dont ils traitèrent la presse. Rappelons-nous les fameuses ordonnances du 25 juillet 1830 qui suspendaient la liberté de la presse, faisaient naître la protestation des journalistes, ouvraient la porte à la révolution et finalement amenaient la chute de la monarchie.

Cette nouvelle puissance dans un état est devenue plus forte que l'état lui-même. Elle mène le peuple, fait et défait les ministres et impose souvent sa volonté au pays.

En Belgique, et au milieu de l'effervescence que produisait un tel état de choses, il fallait des hommes énergiques pour pouvoir combattre hardiment les usurpations du pouvoir royal.

Ces hommes ne firent point défaut. On vit en effet dans les premiers jours de 1830, et à la suite d'un procès de presse, de Pother, Tiélemans, Bartels et de Nève condamnés à plusieurs années d'exil.

Ce procès fit grand bruit. Les têtes s'échauffèrent. On fit des réunions. Il y eut des clubs où on discutait violemment. Les paroles paraissaient sentir la poudre, et il y avait dans l'air comme un esprit de révolte qui grondait sourdement.

Réfugiés en France, les journalistes exilés continuèrent à attaquer violemment par la presse le gouvernement qui étreignait de plus en plus leur pays.

Le député Clémenceau disait un jour à la tribune française qu'*un gouvernement ne saurait périr parce qu'il donnait trop de libertés.*

Encore faut-il distinguer entre toutes les libertés et savoir les limiter.

Mais un gouvernement qui les fausse toutes, qui étouffe toutes les aspirations libérales d'un peuple, s'étiole bien vite, et finit par tomber victime de ses propres fautes.

Toutes choses extrêmes engendrent des réactions violentes.

Tout-à-coup éclata à Paris la Révolution de Juillet.

Des écrits faits exprès pour la Belgique, et qui s'inspiraient habilement des circonstances, furent répandus à profusion sur les frontières, tâchant d'exploiter au profit de la Révolution les sentiments de haine du peuple belge contre ses oppresseurs.

On aurait voulu provoquer le soulèvement pour l'anniversaire de la naissance du roi Guillaume. Mais rien n'eut lieu.

Le lendemain, à l'Opéra, la représentation de la *Muette de Portici* provoqua les premiers symptômes d'agitation sérieuse.

Des bandes armées, en proie aux excitations qu'avaient fait naître chez eux les couplets patriotiques et enflammés de cette pièce, envahirent le journal ministériel *le National*, détruisirent le matériel, dévastèrent et incendièrent la maison habitée par *Libri-Bagnano*, vil folliculaire à la solde de la police, et flétri quelques années auparavant par une condamnation infamante.

On s'étonne, à juste titre, de voir les gouvernements remplir souvent les places réservées aux gens probes et sérieux par des hommes tarés, mis au ban de la société, quand ils ont autour d'eux tous les éléments possibles de probité et de loyauté.

Quand ils en arrivent à ce point, la chute n'est pas loin. On dirait qu'ils veulent la faire pressentir.

Quos vult perdere Jupiter dementat.

C'est comme si on employait du bois vermoulu pour étayer une construction !

Le palais de justice, l'hôtel du ministre de la justice *Van Maanen* et celui du directeur de la police furent le théâtre des mêmes excès.

Ces troubles durèrent quelques jours. On ne rencontrait par les rues que des bandes armées fredonnant à l'envi le duo de la *Muette* :

Mieux vaut mourir que rester misérable,
Pour un esclave est-il quelque danger ?
Tombe le joug qui nous accable,
Et sous nos coups périsse l'étranger !
Amour sacré de la Patrie,
Rends-nous l'audace et la fierté
A mon pays je dois la vie
Il me devra sa liberté !

Paroles sublimes et bien faites pour monter les têtes déjà surexcitées par les pamphlétaires.

Il fallut organiser une garde civique pour réprimer ces premiers excès et rétablir l'ordre dans la cité, où les armoiries royales avaient été remplacées par l'étendard du Brabant.

Des soulèvements semblables se produisirent un peu partout dans les principales villes du Brabant, telles que Liège, Louvain, Verviers, Bruges, etc....

De nombreux députés se rendirent en toute hâte à la Haye exposer les motifs du soulèvement et réclamer impérieusement la séparation administrative du nord et du midi du royaume.

Ces démarches dont l'utilité était incontestable restèrent néanmoins sans résultat.

La réponse du roi de Hollande ne tarda pas toutefois à se faire connaître. Elle fut péremptoire.

Une armée de cinq à six mille hommes, commandée par le fils du roi en personne, vint établir son quartier général à Vilvorde, à dix kilomètres de Bruxelles.

Ce spectacle n'était point fait pour apaiser les colères ni calmer les insurgés.

La révolution éclate et l'émeute grandit !

En vain le prince d'Orange essaie-t-il de calmer les esprits en paraissant sur les barricades; en vain leur fait-il la promesse de partager administrativement les deux pays, rien n'y fait plus.

Le sort en est jeté. Il faut vaincre ou mourir.

Cette promesse faite pour les besoins de la cause est trop tardive et on y voit le commencement de la peur, qui pouvait alors passer pour le commencement de la sagesse.

Au quartier général les conférences entre délégués se multiplient, mais n'aboutissent à aucun résultat.

Les esprits deviennent encore plus irrités quand ils apprennent que la conduite conciliatrice du prince royal a été désapprouvée à la Haye.

C'est qu'à ce moment d'effervescence populaire il fallait frapper dur ou tout accorder. Ces esprits chauffés à blanc devaient être refroidis instantanément sous peine de voir l'explosion se produire malgré toutes les précautions.

Cet état de choses nécessita la convocation des états généraux. Cette mesure était urgente. Il s'agissait d'apporter des modifications à la loi fondamentale.

Les débats durèrent plusieurs jours et furent très vifs.

Les députés hollandais cherchaient à faire traîner la discussion en longueur.

Sur un mot d'ordre de leur parti ils se jetaient dans la question, cherchant à l'embrouiller s'ils pouvaient, et à compromettre les intérêts de tous les partis.

C'était une sorte d'*obstructionnisme* à l'égard des députés belges qui voulaient à tout prix arriver à une conclusion.

Leurs désirs furent déçus, car on ne put arriver à rien.

Aussi, le député Stassart, revenant de la Haye, porta l'exaspération à son comble quand il apprit au peuple belge l'inutilité de ses efforts unis à ceux des ses collègues pour arriver à une conciliation.

Le député Stassart était un homme politique, éminent, très entendu aux affaires et qui possédait d'une façon toute spéciale la confiance du peuple belge.

A la Chambre il était à la tête d'un groupe important et sur lequel il fallait compter.

On ne s'étonnera donc pas du crédit qu'il avait auprès de ses commettants, et de l'impression qu'il produisit chez eux quand il vint leur rendre compte de l'insuccès de sa démarche et de celle de ses collègues.

La cour de la Haye se prépare à résister.

Il ne fallut pas davantage que le bruit d'une attaque des troupes hollandaises pour mettre les armes aux mains du peuple, chez qui grondait du reste depuis longtemps la sourde colère des captifs, et dont les manifestations multiples démontraient clairement l'âpre envie de reconquérir l'indépendance.

Les troubles éclatent à peine que le peuple apparaît tout à coup armé et militairement organisé.

Sous l'œil dominateur de la Hollande les Belges avaient pu, sans bruit et sans donner l'éveil, s'apprêter à un soulèvement général.

L'heure de la délivrance nationale semblait sonner pour eux et tous les bras se levaient pour la lutte.

C'était comme une explosion d'enthousiasme chez tous les citoyens.

Enfin, le 20 septembre, toutes les autorités existantes sont remplacées et un gouvernement provisoire est nommé.

La guerre éclate dans toute son horreur, non

la guerre civile qui arme les citoyens d'une même patrie les uns contre les autres, mais une guerre sainte, légitime, qui veut chasser l'étranger.

Comme en France autrefois, quand on chassa l'Anglais, les Belges ne voulaient pas voir les Hollandais régner chez eux !

Le 21 septembre, le prince Frédéric publia une proclamation menaçant de représailles les fauteurs et instigateurs des troubles.

Il pensait sans doute réduire ce mouvement insurrectionnel avec de grosses menaces.

C'était le seul moyen à ce moment-là au contraire d'engager la lutte.

Le peuple y répondit par des barricades qui s'élevèrent de toutes parts avec une rapidité effroyable.

Tous les habitants sont sous les armes et sont organisés en compagnies de marche.

Il ne veulent plus entendre la voix de l'étranger, c'est fini : leur patriotisme leur crie que la Belgique ne doit plus être foulée par la Hollande !

La lutte commence terrible, acharnée, sans trêve, sans merci ; d'un côté avec tout le courage que peut inspirer une cause juste, de l'autre avec toute la férocité du conquérant qui voit sa victime lui résister et lui échapper.

Les rues sont jonchées de cadavres : les maisons sont assiégées les unes après les autres.

A peine une rue est-elle prise que les insurgés reparaissent dans une autre, plus terribles, plus nombreux.

On n'entend partout que le cliquetis des armes, le crépitement de la fusillade.

Le sang ruisselant sur les pavés, le bruit des canons, la fumée des combats mêlés aux cris déchirants des combattants pourraient inspirer un tableau d'une saisissante horreur à quelque peintre réaliste.

Le prince Frédéric finit par s'emparer de la ville haute, et de là bombardant la ville basse il compte sur une prompte reddition de la place.

Mais il ne connaît pas encore l'ardeur et le courage des assiégés.

Maître pendant quelques instants des deux parties de la ville, le Prince, malgré les 14,000 hommes qu'il avait amenés d'Anvers, ne put se maintenir longtemps dans la ville basse qu'il se vit obligé d'abandonner.

Il n'y avait que le nombre qui pouvait le disputer ici à la vaillance.

Et encore ?

Les rangs des insurgés se grossirent bien vite et les recrues arrivèrent de toutes parts. Les vides étaient promptement remplis.

Ce fut comme une traînée de poudre.

Quand la nouvelle du succès relatif de l'insurrection se fut répandue, on vit arriver quantité de volontaires.

Les campagnes elles-mêmes fournirent un contingent énorme.

Le gouvernement de la Haye avait pourtant bien pris ses précautions pour empêcher ces nouvelles de se répandre.

Mais rien n'y fit, et les villes qui s'étaient tenues jusqu'alors en dehors du mouvement apprirent bientôt tout ce qui se passait.

On vit dès lors des volontaires liégeois et des localités environnantes venir grossir les rangs des insurgés.

Chaque ville, chaque hameau tenait à fournir son contingent.

Il faut bien avouer aussi que l'insurrection avait su choisir très habilement ses chefs.

Elle avait trouvé un capitaine vaillant et énergique dans le réfugié espagnol *Juan Van Halen*, et un soldat expérimenté dans le général français *Mellinet*.

Enfin, après quatre jours d'une lutte acharnée, les troupes hollandaises durent battre en retraite sur Anvers avec une perte considérable.

Et à ce propos, j'ai vu, en 1880, à Bruxelles, le gardien du monument élevé en souvenir des martyrs de 1830.

C'était un des combattants de cette époque.

Il me raconta avec beaucoup de fierté et d'amour-propre national certains épisodes de *ces glorieuses* où il avait payé lui-même de sa personne.

Il portait la médaille attachée à ces souvenirs.

Je n'ai point su le nom de ce vieux brave. Parmi les insurgés se trouvaient un grand nombre d'étrangers, comme toujours, aventuriers politiques qui cherchent dans les troubles l'occasion d'arriver à une situation.

A la suite de cette victoire, le mouvement insurrectionnel se propagea rapidement dans le reste de la Belgique. Il n'y a rien de tel que la réussite pour s'attirer des partisans.

Le 24 septembre vit se former un gouvernement provisoire à la tête duquel se trouvaient MM. Rogier, d'Hooghvorst, commandant de la garde civique ; Jolly, officier du génie ; et des secrétaires de ville, Vanderliden et de Coppin.

A ceux-ci vinrent s'ajouter, le 26, le comte Félix de Mérode, Gendebien, Van de Wayer, Nicolaï, et le 27, de Pother, le journaliste revenu de France.

Le 4 octobre, ce gouvernement national, auquel le pays soulevé s'était soumis avec joie, proclama l'indépendance de la Belgique.

Il promit en même temps la prochaine convocation d'un congrès national composé de deux cents députés.

Grisé lui-même par la possession du pouvoir, le gouvernement accorda toutes les libertés à la fois, liberté d'enseignement, liberté de la presse, liberté des cultes, du théâtre, d'association, etc., etc...

Le prince d'Orange, justement inquiet de l'issue de cette insurrection, dont il n'avait pas prévu tout d'abord le foudroyant progrès, fit une tentative pour conserver ce pays à sa maison. Cette tentative fut maladroite, comme on peut en juger.

Il déclarait vouloir se mettre à la tête du mouvement et rendre à la Belgique tous les droits qu'elle désirerait.

Mais les Belges avaient appris *La Fontaine*. Ils considérèrent les propositions du prince d'Orange comme un bloc enfariné qui ne leur disait rien qui vaille. Ils refusèrent nettement l'offre gracieuse de rentrer purement et simplement sous la domination de la maison de la Haye.

Le roi de Hollande désapprouva bien, dit-on, les propositions de son fils.

Mais la diplomatie n'est pas toujours correcte; et le droit chemin n'est pas celui qu'elle a l'habitude de prendre.

Elle ne réussit pas toujours avec le peuple dont le sens droit n'aime pas l'hypocrisie et qui ne comprend rien à la ruse ni aux artifices dont elle se sert.

Le prince d'Orange en fut pour ses frais de promesses. Il fut éventé.

Dans une proclamation à la date du 24 octobre, il déclarait laisser la Belgique libre jusqu'à la décision du congrès des grandes puissances réuni à Londres, sauf à conserver pour sa sûreté (on n'est pas plus Bazile) des garnisons dans les citadelles d'Anvers, de Maëstrich et de Venloo.

En somme, il comptait sur l'appui des puissances pour conserver la Belgique, et cette sorte de désintéressement ne cachait pas suffisamment la crainte qu'il avait de se la voir enlevée!

La vraie générosité d'un roi ne se couvre pas

d'un masque aussi transparent. Les Belges ne pouvaient s'y laisser prendre et cette situation devait embarrasser les princes de la Haye dans leur combinaison.

Mais Anvers fut bientôt pris en violation d'une capitulation conclue avec le commandant *Chassé*.

Il semble qu'au milieu de ces révolutions *les paroles d'honneur* s'évanouissent avec la fumée de la poudre.

Le général républicain français Thibaudin, ancien ministre de la guerre, serait-il sorti de cette école?

Le commandant *Chassé* fit bombarder la ville, sans plus se soucier des traités conclus, de la parole donnée.

Il ne voulut plus entendre parler d'aucune condition, et cela avec l'entêtement qui caractérise d'ordinaire les vieilles moustaches.

Les habitants souffrirent beaucoup de ces représailles, mais ceux qui eurent à supporter les plus gros sacrifices par les dégâts considérables que ce bombardement leur occasionna, ce furent les négociants étrangers.

Leur perte fut d'autant plus forte qu'ils réussirent difficilement à se faire indemniser au milieu de tout ce chaos, quand la guerre était déchaînée partout, et que l'autorité n'était respectée nulle part.

CHAPITRE III.

La Belgique recouvre son indépendance.

Devenu le maître, le parti révolutionnaire prenait goût au mouvement.

Comme tous les partis extrêmes, il ne connaissait plus de limites à ses actions.

Il voulait toujours aller de l'avant, et plus on lui accordait, plus il demandait et plus il voulait avoir.

Comme l'appétit vient en mangeant, les révolutionnaires se grisaient de la révolution même.

Partout ils sont les mêmes.

Une fois lancés, ils ne savent plus mettre de frein à leurs passions.

Il n'est pas étonnant, chez ces individus où les passions bouillonnent si fort, qu'une fois maîtres de la situation, ils ne puissent plus se contenir.

Avec la violente envie de saisir les rênes du pouvoir pour s'emparer de tout et gaspiller tout à leur aise, ils poursuivent en politique des idées chimériques, quoique pour la plupart visionnaires conscients du mal qu'ils peuvent faire sur l'esprit mal éclairé des populations.

La violence leur réussit quelquefois pour durer quelque temps, mais la réaction se produit vite.

C'est ce qui arriva au parti radical belge. Les excès finirent par révolter les plus timorés, et l'indignation gagnant peu à peu le pays tout entier, il n'y eut plus qu'une voix pour protester et réclamer l'établissement d'une monarchie constitutionnelle.

C'est toujours la même histoire : il faut que le bien sorte de l'excès même du mal.

Heureux les peuples qui n'ont point à souffrir des désordres qui en résultent !

Le congrès se réunit le 10 novembre, sous la présidence de *de Pother*. — En tête de ses délibérations, il proclama l'indépendance de la Belgique, sous la réserve des relations à établir avec la Confédération germanique pour le Luxembourg.

Il proclama aussi l'établissement d'une monarchie constitutionnelle avec le système des deux Chambres et l'exclusion perpétuelle de la maison d'Orange du trône de Belgique. C'était là la sanction naturelle de la révolution qui venait de se produire au détriment de la maison de la Haye.

Quand il s'agit de choisir la forme du gouvernement, le scrutin ne fut pas difficile à établir.

Sur 187 voix, 13 seulement se prononcèrent pour la République.

13 ! chiffre fatidique, qui emportait dès son berceau, et avant qu'elle se fût épanouie pour le plus grand malheur du peuple, la république belge.

Du reste, la Belgique ne devait pas s'en trouver plus mal dans la suite.

Pendant ce temps, la conférence déjà annoncée pour régler toutes les difficultés issues de cet état de choses se réunissait à Londres, et par son premier protocole, en date du 4 novembre 1830, elle rendait obligatoire l'armistice de fait qui existait depuis la prise d'Anvers.

Le 20 décembre, la conférence reconnut la dissolution de l'ancien royaume des Pays-Bas.

C'était reconnaître toutes les réclamations des Belges comme fondées, c'était proclamer leur indépendance nationale, c'était approuver tout ce qu'ils avaient fait.

D'autres protocoles furent consacrés à déterminer les conditions auxquelles cette dissolution devait s'opérer.

La ligne des frontières devait être celle existant en 1790 entre les deux pays. Le Luxembourg insurgé serait évacué pour être placé sous le sceptre de la maison de Nassau, et faire partie de la Confédération germanique.

Ces dernières conditions acceptées par le cabinet de la Haye, dans le secret espoir qu'elles seraient rejetées, furent repoussées par le congrès et singulièrement modifiées par la conférence.

Elles sont connues dans la nouvelle rédaction sous le nom de traité des dix-huit articles.

Le 23 février 1831, le congrès belge nomma son président, le baron Surlet de Chokier, régent provisoire, et résolut d'appeler au trône de Belgique le duc de Nemours ou le duc de Leuchtenberg.

Le premier réunit 97 voix et fut élu.

Le duc de Leuchtenberg avait obtenu 74 voix.

Le roi Louis-Philippe, quoique profondément touché par ce témoignage de sympathie, refusa la couronne pour son fils, le 17 février 1831, dans des termes très dignes.

Après ce refus motivé sur des considérations politiques de la plus haute importance, et pour ne pas se mettre sur les bras les rois, ses voisins, dont la jalousie se serait trouvée éveillée, le congrès ne put se mettre d'accord.

Le choix eût été bien pénible sans doute sans l'intervention de l'Angleterre.

L'Allemagne, qui possède des princes à en revendre, aurait bien voulu en caser un en Belgique, comme elle essaya de le faire il y a quelques années en Espagne. Mais la marchandise est peu prisée et n'est pas une marchandise courante.

L'Angleterre, au contraire, toujours prévoyante et qui avait tout intérêt à y placer un homme de son choix lui appartenant corps et âme, n'hésita pas à recommander chaudement auprès du congrès la candidature du prince Léopold de Saxe-Cobourg.

Les démarches ne manquèrent point, et le désir que manifestait l'Angleterre de voir agréer son choix donna à penser qu'elle cherchait à s'imposer.

Le prince Léopold fut élu pour roi à la majorité de 152 voix sur 196 votants.

C'était un réel triomphe.

Le prince voulut bien accepter la couronne, mais à condition que le congrès acceptât à son tour le traité des dix-huit articles.

L'Angleterre gagnait donc encore la partie : sous les apparences d'une courtoisie raffinée, qui n'était en somme que la mise en exploitation régulière de sa ruse et de sa fourberie ordinaires, elle s'imposait énergiquement.

Car en faisant nommer le prince de son choix elle obligeait en même temps le congrès à ratifier le traité des dix-huit articles, dont son protégé réclamait l'acceptation absolue et que le même congrès avait déjà rejeté une fois.

Nous arrivons *ipso facto* au règne proprement dit du roi Léopold.

Nous entrons dans sa vie publique remplie d'événements fertiles et glorieux. Ce nouveau règne va faire disparaître presque instantanément les troubles qui pèsent encore sur la Belgique, l'inquiétude qui règne dans les esprits et la suspicion qui existe vis-à-vis des personnes.

Le commerce, dont l'arrêt dans un pays aussi productif paralyse les forces et engendre les ruines publiques, va renaître plus brillant et plus prospère.

Nous suivrons ce prince saisissant avec fermeté les rênes de l'Etat et faisant disparaître jusqu'aux dernières traces de la guerre civile.

Le commerce n'aura pas de protecteur plus vigilant et plus dévoué, l'industrie de guide plus bienveillant et d'appui plus sûr !

A travers mille difficultés gouvernementales, il mènera son peuple à la plus haute prospérité qu'il puisse aspirer.

Les arts, les sciences et les lettres fleuriront à l'envi sous son habile administration.

Que de travaux vont s'exécuter sous son règne, et que de réseaux de chemins de fer vont sillonner la Belgique pour porter partout la richesse et la vie !

Il saura allier les principes libéraux avec ceux de la royauté, sans que jamais les uns nuisent aux autres.

Partout, et dans les diverses situations où nous le retrouverons, il se montrera animé de cet esprit démocratique qui sera l'unique préoccupation de sa vie, et qui le consacrera comme un caractère généreux et libéral, sincèrement dévoué aux réformes, fermement résolu à accomplir tous les progrès compatibles avec le développement de l'humanité et la prospérité de son royaume.

CHAPITRE IV.

Léopold Ier, roi constitutionnel.

Après mûres réflexions, le roi Léopold se soumit aux décisions du congrès et accepta, comme nous l'avons dit, la couronne de Belgique, pourvu que le congrès acceptât lui-même le traité des dix-huit articles.

En cela il fait preuve d'une énergie et d'une volonté peu communes.

Il se sent bien le courage et la force d'accepter un royaume, mais il veut ce royaume bien assis, avec ses frontières bien délimitées et bien sûres.

Avant tout, il veut être roi chez lui, dans son royaume. Il veut assurer à son pays l'intégrité de territoire sans laquelle il n'y a pas d'indépendance possible.

Au pouvoir il ne se considère pas comme un

maître, mais comme un guide, un protecteur chargé de veiller à la sécurité de son pays, à l'apaisement des discordes civiles, à la grandeur et à la prospérité de sa nouvelle patrie.

Il veut faire en sorte de grouper autour de lui toutes les bonnes volontés, toutes les intelligences, tous ceux qui ne recherchent que le salut de leur pays sans arrière-pensée de bouleversements.

Il veut bâtir sur cette conquête des libertés publiques, toute fumante encore du sang des martyrs, l'édifice constitutionnel de la Belgique qui doit assurer à ses enfants le règne de l'ordre et de la justice.

Il apporte dans l'accomplissement de sa tâche un grand désintéressement de caractère, chose rare dans les familles royales.

Le congrès réuni accepte le traité des dix-huit articles réclamé par le prince Léopold et lui accorde en même temps les frontières qu'il demande.

Il sort vainqueur de cette première lutte.

C'était un grand point.

Une fois ces conditions arrêtées et réglées, rien ne l'empêcha plus de prendre possession du trône belge.

Le 21 juillet 1830, le prince Léopold fait son entrée triomphante à Bruxelles.

Toutes les maisons sont pavoisées : le long des fenêtres courent de longues guirlandes de fleurs semées de drapeaux aux couleurs nationales : les habitants des campagnes sont venus en masse, revêtus de leurs plus riches atours, assister à l'entrée du roi dans sa capitale.

Toute cette foule bruyante et gaie, qui grouille épaisse et confuse dans les rues principales que doit suivre le cortège, offre par sa bigarrure même un cachet particulier de pittoresque et d'originalité.

Léopold prête serment à la constitution, et je puis dire de suite qu'il fut fidèle à son serment !

Roi constitutionnel par excellence, il n'usera de sa toute-puissance que pour le bien-être de ses sujets et pour l'honneur de son royaume.

Peu accessible aux passions, d'une énergie de caractère peu commune, il saura se tenir à l'écart des courtisans flatteurs et perfides.

Le Prince n'était pas plus tôt installé que déjà les difficultés surgissaient autour de lui.

La Hollande qui, depuis la révolution survenue en Belgique, ne cherchait que l'occasion de reprendre ce pays, crut le moment arrivé de soulever des difficultés.

Elle rejeta le traité des dix-huit articles qui la gênait considérablement, et fit envahir la Belgique par une armée commandée par le prince d'Orange.

Ceci se passait dans les premiers jours d'août 1831.

Les troupes belges, encore mal organisées et surprises par cette invasion subite, furent battues à Hasselt et à Louvain.

Le roi Léopold référa de suite de cet état de choses aux puissances signataires du traité, lors de la réunion du congrès. — C'était la seule sanction pratique qu'il eût en son pouvoir. Il n'avait pas encore eu le temps d'organiser militairement son pays, et la Hollande, qui le savait bien, essayait d'en profiter.

Il fallut remédier au plus tôt à ces manières par trop fantaisistes des Hollandais d'envahir ainsi les pays voisins au mépris des droits sacrés des traités.

Cette façon sommaire de rejeter le traité des dix-huit articles déplut à toutes les puissances, et la France, toujours plus généreuse que les autres, toujours en avant quand il s'agit de secourir les opprimés, envoya le maréchal Gérard qui remit les choses en l'état, et fit regagner la frontière aux envahisseurs plus vite qu'ils n'étaient venus.

Et c'est avec un sentiment de fierté nationale bien facile à comprendre que je rappelle ici l'intervention active de la France dans toutes les questions qui touchent à l'indépendance des peuples.

Partout en effet où la souffrance se fit sentir, partout où les peuples opprimés appelèrent à leur secours, la France, parfois abandonnée de ses alliés, accourut généreusement à leurs cris, apportant dans les plis de son drapeau le salut et la délivrance!

Ne féconda-t-elle pas de son sang généreux le sol d'une nation ingrate chez laquelle l'égoïsme étroit et méchant triompha de la reconnaissance.

Je veux parler de l'Italie.

La Hollande ne continuait pas moins à faire entendre ses protestations contre le traité des dix-huit articles qui, prétendait-elle, lésait profondément ses intérêts. Elle harcelait les représentants de France et d'Angleterre de ses plaintes, de ses réclamations non justifiées.

Ces puissances, voyant que cet état de choses serait toujours le même et resterait comme une source inépuisable de conflits, résolurent de tout soumettre à la conférence. Celle-ci réunie de nouveau revisa son arrêt et le rendit irrévocable par le traité des *vingt-quatre* articles.

Par ce traité le Luxembourg et le Limbourg étaient partagés entre la Hollande et la Belgique, et cette dernière puissance devait payer à la Hollande une somme annuelle de 8,400,000 florins.

La Hollande n'avait point perdu à la revision de ce traité, et ses doléances avaient été écoutées jusqu'à un certain point.

Le but poursuivi par les puissances dans cette circonstance avait été évidemment d'accorder le plus possible sans froisser la Belgique ni diminuer sa puissance.

D'autre part, en prenant en considération les réclamations de la Hollande, elles donnaient acte au gouvernement de ce pays de leur bon vouloir à reviser tout ce qui semblait porter préjudice à ses intérêts.

Après ces modifications, les récriminations devaient cesser, car les puissances avaient montré toute leur impartialité en cherchant à tenir la balance égale entre la Belgique et la Hollande.

Toutefois cette dernière, qui aurait préféré garder son ancien territoire à toutes les compensations qu'on pouvait lui donner, ne voulut point accéder aux stipulations du congrès.

Comme ces avocats véreux qui pour soutenir leur mauvaise cause inventent mille machinations nouvelles, la Hollande cherchait mille moyens pour faire avorter les décisions du congrès et ne pas en accepter les termes.

Elle se souciait bien peu des concessions qui lui furent faites, de la redevance que la Belgique lui donnerait; ce qu'elle désirait surtout, c'était de n'être jamais d'accord avec les puissances; c'était, par des difficultés sans cesse soulevées, de se ménager une porte de sortie et de se créer une situation louche, fausse, indécise, qui la mît à même de faire entendre continuellement ses revendications.

Cet entêtement inqualifiable et cette façon déloyale de traiter les affaires mécontenta les grandes puissances et amena l'intervention étrangère pour soutenir la Belgique contre les procédés du gouvernement hollandais.

La force armée allait encore devenir le seul

arbitre efficace et donner raison à cette maxime farouche : *la force, c'est le droit.*

La force devenait ici une nécessité ; elle venait au secours du droit.

Une flotte combinée, française et anglaise, bloqua l'embouchure de l'Escault et les côtes de Hollande, tandis qu'une armée française entrait de nouveau en Belgique le 15 novembre 1832.

Nos soldats, en traversant la plaine de Waterloo et en passant au pied du monticule sur lequel se dresse un lion qui regarde notre pays en signe de bravade ridicule, voulurent le faire sauter.

Le maréchal Gérard réussit à en dissuader ses soldats en leur promettant de les laisser faire à leur retour.

Ils se contentèrent de lui casser deux dents et de lui briser l'extrémité de la queue.

C'est dans cette posture qu'il apparaît encore aujourd'hui, rappelant notre désastre, mais paraissant ne plus vouloir mordre ni frapper !

Cette armée fit le siège d'Anvers qu'elle arracha des mains des Hollandais pour la remettre à la Belgique le 1er janvier 1833. La Hollande se sentant incapable de résister fit encore des démarches pour obtenir la paix une fois de plus.

Le 31 mai de la même année, une convention conclue à Londres faisait cesser les mesures coërcitives et laissait la Hollande provisoirement en possession des forts de Lillo et de Lieflenshoeck qui commandaient l'entrée de l'Escault, et la Belgique en possession du Luxembourg, à l'exception de la forteresse, et du Limbourg. — Ce *statu quo* dura cinq ans. — Ce temps de répit laissé à la Belgique ne fut point perdu.

Elle sut habilement en profiter pour se mettre à l'œuvre. Connaissant par expérience la mauvaise foi des Hollandais, elle avait toujours à craindre que ceux-ci ne rompissent une fois de plus les traités sous le simple prétexte qu'ils leur étaient nuisibles.

Aussi se mit-elle à travailler activement sous la direction habile et dévouée de son prince. Elle s'efforça principalement à réorganiser ses forces militaires.

Sans bruit, sans éveiller l'attention soupçonneuse des Hollandais, comme la Prusse après le traité de Tilsitt en 1807, elle acheva son organisation politique et développa sa prospérité intérieure.

Elle se trouva bientôt en état de répondre à des agressions nouvelles.

Le roi Léopold, en prince prudent, avait hâté le plus vite possible l'organisation de son petit état, car il prévoyait que des difficultés nouvelles ne tarderaient pas à renaître.

Le roi s'appliqua en même temps à donner au pays une forte constitution.

Ce fut une œuvre de grand libéralisme.

C'était en même temps une réponse directe à la domination tyrannique que la Hollande avait fait peser sur ce pays.

La sincérité de cette œuvre surprend et étonne les peuples voisins presque jaloux de tant de libertés.

Une transformation complète s'opère dans le système gouvernemental. On voit s'élever avec satisfaction cette nouvelle constitution qui doit faire cesser les abus dont le peuple se plaint si amèrement.

Elle proclame d'abord l'égalité de tous les Belges devant la loi.

Elle fait cet emprunt aux grands principes de droit public qui régissent la société moderne et qui ont été proclamés en France en 1789.

Puis elle proclame encore la suppression des différences de castes, le droit d'association et de réunion, la liberté de la presse et celle de l'enseignement que nous ne possédons pas.

La liberté de tous les cultes et leur exercice sont garantis dans les mêmes termes et ne peuvent être limités qu'en ce qui concerne les simples précautions de police pour le maintien du bon ordre.

L'Etat est séparé de l'Eglise et n'intervient nullement dans la nomination ou la déposition des ministres des différents cultes.

C'est l'Eglise libre dans l'Etat libre. Voilà la vraie liberté. La monarchie belge ne s'en porte pas plus mal et le peuple ne s'en trouve pas incommodé.

Chacun conserve ses droits, les fait valoir et les fait respecter.

La royauté belge est héréditaire dans l'ordre de primogéniture, mais à l'exclusion des femmes et de leur descendance.

Le roi peut dissoudre les Chambres.

Il partage avec elles la puissance législative et le droit d'initiative qui lui permet par ses ministres, au nom du gouvernement, de prendre part aux débats, d'intervenir dans les questions en discussion, de présenter des projets de lois ou d'apporter des modifications à celles existant déjà.

Les représentants au nombre de 108 sont élus pour quatre ans par tous les citoyens âgés de 25 ans et payant au moins 40 francs d'impôts.

L'éligibilité à la Chambre des représentants n'est soumise à aucune condition de cens.

Ouvrons ici une parenthèse.

Comme on vient de le voir, la qualité d'électeur comportait au moins une certaine situation personnelle.

Les moindres gens, vulgaires voyous, rôdeurs de barrière ou souteneurs de filles n'étaient pas admis à venir *honorer* de leurs suffrages l'élection d'un représentant.

Cette démarcation dans l'état social n'était que la juste distribution des rôles impartis à chaque individu.

Car, pour qui veut raisonner, il est évident, palpable même, que ceux-là seuls qui, par leur industrie commune, leur travail individuel ou collectif, leur situation économique et morale, activent la production, contribuent à la consommation, sont, en un mot, les moteurs de cette machine humaine qui alimente la vie sociale; ceux-là, dis-je, sont seuls dignes de participer à la vie civile en devenant électeurs et éligibles.

On conçoit parfaitement que les individus bons à quelque chose, utiles à la société soient classés distinctement de la foule des vauriens, gens sans aveu, qui forment en France une longue traînée d'électeurs.

Combien votent en effet chez nous qui non seulement ne paient pas de patente, mais qui n'ont même pas de domicile connu !

Nous comprenons parfaitement le cens électoral, mais tout en en élargissant le principe le plus possible.

C'est là plus que partout ailleurs que se trouve la moralité du suffrage.

Celui qui a un intérêt quelconque à voter, si minime qu'il soit, qui peut envisager la portée de son vote, en examiner les chances, en supporter les conséquences, celui-là votera consciencieusement, en homme libre, et ne se laissera pas acheter comme toute la catégorie des déclassés dont j'ai parlé plus haut. Nous savons tous que l'intérêt est la base des actions humaines.

Or, il est clair que celui qui a un intérêt à voter le fera pour le plus grand bien public, sans préoccupation personnelle, tandis que tout autre électeur n'ayant aucun intérêt direct dans le vote, sans instruction, agira, comme beaucoup en France, par pure fantaisie ou dans un but de bouleversement, pour complaire aux comités qui le dirigent et le paient. . . . .

. . . .

. . . .

Les sénateurs, dont le nombre est la moitié de celui des représentants, sont élus pour huit ans et se renouvellent tous les quatre ans par moitié.

Notre constitution républicaine a copié un peu là-dessus la constitution belge.

Les sénateurs doivent être âgés de 40 ans et payer au moins 2,000 francs d'impôts directs.

Ainsi là où la constitution ne demande aucune condition d'éligibilité pour les représentants, elle impose certaines clauses de garantie pour les membres de la Chambre haute.

Et cela se conçoit.

Le sénat est la Chambre qui pondère, qui modifie en les tempérant les lois venant de la Chambre des représentants.

Le sénat doit être parfois *le frein* qui retienne les écarts de la Chambre basse.

Il est donc nécessaire que les sénateurs aient

une somme d'expérience plus grande, une somme de connaissances plus étendues.

La constitution belge remédie à ces conditions en fixant une limite d'âge pour l'élection des sénateurs, et en exigeant de chacun d'eux une situation personnelle plus marquée.

C'est autant de garanties pour leur expérience et leur honorabilité. C'est à quoi devait viser surtout une constitution sérieuse.

Les Chambres votent le budget tous les ans et délibèrent chaque année sur le chiffre de l'effectif de l'armée.

Pour reviser la constitution le sénat doit en émettre le vœu préalablement, d'accord avec la Chambre des représentants.

Cette question de revision n'est-elle pas encore en France une source de conflits avec la Chambre des députés, qui, nouvelle Convention, veut s'arroger tous les droits au détriment du sénat qu'elle tend à renverser et qu'elle finira par détruire.

Les procès politiques et les délits commis par la voie de la presse sont déférés au jury.

Arrêtons-nous quelques instants à ce passage, un des plus libéraux de la constitution belge.

Pendant combien de temps en France a-t-on réclamé cette loi pour tous ?

La presse l'a-t-elle assez demandée au nom du pays.

La royale Belgique plus libérale que nos libéraux français ! N'est-ce pas humiliant pour un peuple qui se dit être un peuple de progrès ?

Chez nous on se paie de mots. Quand on est dans l'opposition, on rêve toutes les libertés et on les appelle toutes : une fois au pouvoir, on oublie bien vite les doctrines que l'on prônait quelque temps auparavant.

C'est que nos ambitieux du jour n'ont ni doctrine ni désintéressement. Si nous avons fini par avoir une loi sur la presse à peu près équivalente à la loi belge, c'est après douze ans de plaintes et de récriminations sous la libérale République.

Il ne faut pas lui en savoir gré : elle se l'est laissé arracher par la force des choses.

C'est la liberté contrainte.

Combien cette procédure, qui consiste à soumettre au jury les procès politiques et les délits commis par la voie de la presse, est plus conforme à l'esprit démocratique et aux aspirations du pays !

Elle fait juge la nation elle-même, et infuse peu à peu dans le peuple les sentiments d'égalité, de modération et de justice.

Par le jury parle le peuple, de qui émane toute souveraineté. C'est sa voix qui se fait entendre : c'est son arrêt qui se rend.

Plus de pression, plus d'intimidation, plus d'opportunisme !!

Pendant longtemps on a envoyé les journalistes sur les bancs de la police correctionnelle, car là on était sûr d'une condamnation.

Les juges devenus de plus en plus timides, de plus en plus poltrons, se montraient généralement disposés à être agréables au gouvernement ou aux amis du gouvernement.

L'inculpé ne devait plus attendre aucune générosité.

Il pouvait même mesurer d'avance sa condamnation à l'envie qu'avaient ses juges d'obtenir de l'avancement ou de décrocher une décoration.

Etait-ce là de la justice, quand on était condamné d'avance ? — Les rancunes et les vengeances devaient-elles remplacer l'impartialité !

Un réactionnaire ne devait compter sur aucune pitié.

Plus que jamais on pouvait dire : *vœ victis !*

Aussi les journalistes étaient-ils frappés sans relâche, les juges n'étant pas assez indépendants pour braver le gouvernement qui pesait sur leur conscience, ni assez fiers pour garder quelque commisération vis-à-vis de l'inculpé.

Ils frappaient sans considération de famille, de situation ou d'avenir.

Le jury au contraire, qui n'a rien à attendre des hommes au pouvoir, qui juge dans la plénitude de sa conscience, que ni le ministère public ni la défense ne peuvent intimider, rendra toujours des verdicts plus raisonnables et moins sujets à caution.

Le jury offrira plus de garantie que les juges soumis, payés et nommés par le gouvernement, et toujours disposés à complaire aux maîtres du jour. Nous estimons que le jury sera la dernière sauvegarde des honnêtes gens.................

....

La Cour de cassation, en Belgique, décide sur tous les vices de forme.

Elle fonctionne comme Cour de justice dans tous les procès intentés aux ministres.

Les membres sont nommés par le roi sur une liste présentée par le sénat et la Cour de cassation elle-même.

Les conseillers de Cour d'appel sont également

nommés par le roi sur une double liste présentée par ces Cours et par les conseils provinciaux.

En 1832, le roi Léopold, désireux d'exciter l'émulation, de favoriser les élans de dévouement au roi et à la constitution, créa l'*ordre de Léopold*, destiné à récompenser les services civils et militaires.

C'est la décoration la plus méritoire et la plus enviée. Beaucoup d'étrangers ont eu l'honneur d'avoir mérité cette distinction.

Comme on le voit, l'organisation du nouvel état est toute démocratique.

La noblesse y a conservé la libre jouissance de ses titres. Ce n'était que justice.

Je sais bien que quelques aigrefins confits en républicanisme s'étonnèrent de cette particularité. Mais c'est la plus belle réponse aux théories libérales !

C'est la liberté accordée à tous et à chacun, sans restriction !

C'est l'éloge même de la constitution, qui proclame tous les citoyens égaux devant la loi, et qui laisse tout le monde jouir librement de ses biens !

Les titres sont pour les possesseurs de vraies propriétés. Ils représentent une valeur dont on n'a pas le droit de les frustrer. La justice veut qu'on laisse à chacun le sien.

Malheureusement la jalousie, la vilaine jalousie, dévore de plus en plus notre siècle pourri.

On voit journellement des gens jaloux des privilèges des autres, jaloux des biens des autres, jaloux de l'argent des autres.

Ils sont tous républicains.

La jalousie conduit à l'envie et l'envie au crime.

Seulement on ne raisonne jamais assez avec ces pauvres déshérités de la vie pour leur faire comprendre que l'égalité de fortune, de position, est comme l'égalité d'esprit, une chose impossible, qui n'a jamais existé et qui n'existera jamais.

Chacun conserve la position qu'il s'est créée : tant pis pour les fainéants et les débauchés qui mangent le produit de leur travail au fur et à mesure qu'ils le gagnent.

S'ils restent pauvres, c'est à eux seuls qu'ils doivent s'en prendre : le travail et l'économie conduisant à l'aisance d'abord, à la fortune ensuite.

Car enfin, vous ne ferez pas que les uns ne soient pas ivrognes, fainéants, débauchés, dissipateurs, et que les autres ne soient pas travailleurs, rangés, honnêtes, économes.

L'égalité rétablie momentanément par proportions égales entre chaque individu serait détruite le lendemain et l'inégalité reparaîtrait bien vite.

Il n'est pas possible que les individus soient jamais égaux en intelligence, en savoir, en force, en adresse, en travail, en production, en dépenses, en économie, etc., etc...

Ceux qu'on aurait laissés égaux la veille seraient déjà dans des positions différentes le lendemain, car on n'empêchera pas les uns d'économiser et les autres de gaspiller.....

Cela tombe sous le sens commun. C'est une question de fait qui s'impose et à laquelle les théories socialistes ne pourraient rien.

Aussi la République n'est-elle point faite, comme les monarchies, pour faire disparaître ces odieuses convoitises et les dissiper par de sages conseils.

Elle ne cherche sans cesse qu'à enflammer les esprits par des utopies aussi dangereuses qu'irréalisables.

Mais je m'aperçois que je sors du cadre que je me suis tracé.

Mes lecteurs me pardonneront d'avoir effleuré, en passant, un des côtés de la question sociale qui s'agite si fort autour de nous

Je reviens au royaume de Belgique. Son organisation bien réglée, forte et libérale, apparaît comme un modèle de sagesse et d'indépendance aux nations voisines qui l'envient.

En 1836, on rendit une loi sur l'organisation des communes et la constitution des provinces. Ces lois eurent une importance toute particulière.

En 1842, la loi relative aux communes fut sensiblement modifiée. Ainsi le roi fut autorisé à choisir les bourgmestres, non plus seulement parmi les conseillers communaux nommés par les électeurs communaux, mais aussi parmi les conseillers municipaux.

Cette attribution nouvelle, accordée au roi de choisir les bourgmestres, était un pas de plus dans la voie du progrès.

Toutefois cette loi ne fut pas de longue durée. Elle fut annulée plus tard à la demande du ministre de l'intérieur lui-même.

La loi sur l'unité d'enseignement public fut d'une grande importance.

Elle ne put être votée qu'à la suite de débats violents, à cause des intérêts en présence et de l'antagonisme entre le clergé et les libéraux.

Cet antagonisme s'est perpétué jusqu'à nos jours et ne fait que s'accentuer, en face de l'absolutisme et de l'anarchie que représentent ceux qui revendiquaient si haut la liberté.

La liberté ! joli mot dont ils se parent, mais derrière lequel ils dissimulent imparfaitement leurs hypocrites violences.

Voyez en France !

Le lecteur m'excusera de toujours revenir à notre pays quand il s'agit d'établir quelque vilaine comparaison. Que voulez-vous, on prend son bien où on le trouve. Et quand dans notre vieille France, autrefois si glorieuse et si respectée, on voit un peuple chercher à effacer jusqu'aux traces de ses anciennes gloires pour y faire fleurir à la place tous les vices et toutes les ignominies, on a le droit, je dirai plus, le devoir de mettre à nu ces plaies morales et de les donner en exemple aux pays voisins pour qu'ils puissent s'en préserver.

Car les faits sont bien pertinents. — Qui oserait soutenir aujourd'hui, après tout ce qu'on a vu, que le libéralisme des républicains n'est pas un vain mot.

Où est la liberté ?

Où se trouve le respect de la propriété ?

Où voit-on la déférence vis-à-vis des droits du père de famille ?

Partout la proscription, la persécution, la tyrannie odieuse, basse, louche, hypocrite. Toutes les monarchies sont largement libérales en présence de l'esprit étroit qui gouverne les destinées de la France. Notre pays n'est plus le grand et noble pays dont on ne parlait autrefois qu'avec respect.

C'est une nation avachie, avilie par le despotisme athée, en proie à la corruption républicaine, que tous les gens qui aiment la liberté finiront par fuir pour aller dans des pays plus indépendants chercher la paix et le repos !

La loi belge sur l'instruction élémentaire donne un bel exemple de libéralisme à la France de 1882.

Présentée en 1834 elle fut modifiée plus tard et votée seulement en 1842. Elle imposa aux communes l'obligation de fonder des écoles élémentaires là où des écoles libres n'existaient pas déjà en nombre suffisant.

Elle réglait les rapports du clergé avec les écoles et contenait des dispositions relatives à la fondation d'écoles primaires supérieures.

L'organisation de l'instruction moyenne n'avait pu recevoir de sanction à raison des ferments de discorde contenus dans les flancs d'une question aussi brûlante.

Toutefois elle reçut une solution en 1850, solution qui ne fut point du goût du clergé, dont l'influence se trouvait sensiblement lésée.

Aussi, depuis cette époque, la lutte se poursuit-elle âpre et acharnée entre les catholiques et les soit-disant libéraux.

C'est le seul ferment de discorde qui sépare les esprits dans ce petit pays. Et c'est véritablement malheureux, car les esprits les plus distingués, les talents les plus forts, les volontés les plus fermes, les caractères les plus nobles et les mieux trempés se paralysent ainsi au détriment du bien de la patrie.

Si, de part et d'autre, on apportait plus de calme, plus de raison, plus de sincérité, la conciliation deviendrait plus facile, les animosités s'éteindraient, les haines qui fermentent disparaîtraient.

La concorde qui devrait régner en maîtresse sur l'autel de la Liberté reprendrait ses droits absolus.

Quand on travaille pour l'intérêt général d'un peuple, il faut savoir souvent faire taire ses préférences et reléguer loin de soi l'égoïsme bien naturel que chaque parti a l'habitude de montrer.

Bientôt le roi Léopold songea à adoucir les amertumes de sa royauté par les joies plus douces, plus tranquilles et plus pures de la famille. — Il renonça au célibat.

Ce fut sur la princesse Louise d'Orléans, fille du roi de France Louis-Philippe Ier qu'il fixa son choix.

Le mariage eut lieu le 9 août 1832. Le premier fruit de cette union mourut, mais la naissance postérieure de deux princes, en 1835 et en 1837, assura à la dynastie de Cobourg la succession du trône de Belgique.

Et de fait, il était heureux pour ce pays que des princes destinés à le gouverner plus tard pussent être élevés sous la direction aussi sage que prudente, aussi dévouée que résolue de leur père.

D'un autre côté, le mariage du roi Léopold avec la fille du roi des Français, entouré lui-même de l'estime de tous ses sujets à cause de sa grande bonté d'âme et de sa grande bienveillance, avait encore affermi la position du nouveau royaume dans le système général des Etats européens.

A ce moment, en janvier 1833, la remise de la citadelle d'Anvers brida un peu le parti qui en Belgique poussait à reprendre les hostilités contre la Hollande. — Il fallait la paix, on voulait la guerre.

Toutefois, après la dissolution de la Chambre des représentants qui eut lieu au printemps de 1833, la nouvelle majorité qui succéda à l'ancienne se montra mieux disposée à suivre une politique pacifique.

Le roi de son côté, qui cherchait à asseoir fortement son Etat, réussit enfin à faire comprendre que la paix et la tranquillité étaient encore ce qu'il y avait de mieux pour ce pays qui venait de reconquérir si chèrement son indépendance.

Il fallait recueillir les fruits de tant de peines. Il fallait travailler d'abord à s'organiser, à se fortifier, diminuer les charges du peuple qui venait de supporter une guerre si lourde, calmer les passions encore surexcitées et faire cesser les rivalités de partis.

Tout cela demandait du temps, beaucoup de temps ; car pour augmenter la force et la puissance de la nation, ce qui semblait être le but du roi, il fallait enrichir l'Etat et la caisse de la guerre.

Une longue paix pouvait seule assurer ce résultat. Toutefois, un nuage sembla voiler pendant un instant cet horizon si pur. Le gouvernement de la forteresse fédérale de Luxembourg ne voulut pas tolérer que le gouvernement belge soumît à l'accomplissement de leurs devoirs militaires les habitants du rayon de la place forte.

Puis, l'arrestation d'un fonctionnaire belge qui fut, en février 1834, enlevé et conduit à Luxembourg provoqua une certaine agitation à Bruxelles où les esprits demeuraient toujours inquiets. On commanda l'envoi de troupes belges dans le Luxembourg.

Après de longues discussions, le fonctionnaire belge fut relâché et tout rentra dans l'ordre.

On crut voir dans cet acte hardi d'une principauté craintive la main de la Hollande et du parti orangiste, qui, du reste, commençait à relever la tête à Bruxelles.

Cette allure suspecte et menaçante vis-à-vis d'une population déjà courroucée amena des troubles.

Dans les journées des 4 et 6 avril, les maisons des personnes notables accusées d'être orangistes furent pillées et saccagées.

Sans doute il faut blâmer hautement ces troubles révolutionnaires et ces excès de violence qui portent une grave atteinte à la liberté individuelle, mais ne doit-on pas condamner sévèrement le parti hollandais, cause déjà de tant de soulèvements, et qui chassé par un peuple qui veut rester libre essaie encore, sous main, de relever la tête et de fomenter des querelles !

N'est-ce pas violer ouvertement le droit et la justice ?

Au lieu de laisser les passions se calmer, ce parti les tenait sans cesse en éveil et la moindre étincelle mettait le feu partout.

On comprend difficilement que le gouvernement hollandais, qui se savait détesté par ce pays, essayât de jeter encore dans cette population des ferments de discorde qui lui permissent de pêcher en eau trouble.

De pareils agissements sont condamnés par le droit des gens et un Etat qui s'en rend coupable reste cloué au pilori de l'opinion publique.

Heureusement, cette effervescence dura peu, et tout rentra promptement dans l'ordre, grâce à l'énergie que déploya dès le début de l'affaire le gouvernement belge. Il se sentait appuyé secrètement par le gouvernement français et aussi par tous les Etats gardiens scrupuleux des traités.

Au mois d'août suivant le ministère doctrinaire qui se trouvait aux affaires et qui les avait dirigées jusqu'alors, fut changé et remplacé par un ministère mixte catholico-libéral.

On voit que le roi, gardien fidèle de la constitution, et désireux de n'y point déroger, n'apparaît pas dans ces différentes situations.

Né pour le parlementarisme et non pour la dictature, il s'accommode facilement des transformations que subissent ses ministères.

Ce qui ne l'empêche pas d'éclairer les hommes dévoués qui l'entourent, de les conseiller même au besoin, mais il ne s'impose jamais à la façon de Louis XIV, jusqu'au point de dire : *l'Etat, c'est moi.*

La persuasion lui apparaît comme meilleure conseillère que la cravache, et il sait qu'un peuple dompté n'est pas toujours un peuple soumis.

Les esprits sont les mêmes partout : au fond de leur cœur existent certainement avec l'idée de patrie les germes de l'indépendance.

Les peuples sauvages eux-mêmes ne l'ont-ils pas quand ils attaquent et poursuivent ceux qui tentent d'aborder dans leurs îles !

Le roi suivait donc la volonté exprimée par la majorité des Chambres, majorité décidée à donner au pays les réformes urgentes qui s'imposaient.

Dans un pays comme la Belgique, où l'élément catholique est fort puissant, puisqu'il forme la majorité du peuple belge, on pouvait justement s'attendre à une combinaison ministérielle qui fût comme l'émanation du parti catholique. On avait pu voir que depuis longtemps dejà ce parti soutenait ardemment la lutte contre les révolutionnaires.

Les catholiques entrèrent donc au ministère, et comme la force des partis est en rapport avec l'influence qu'ils ont acquise sur le pays, il arriva que l'élément catholique ne tarda pas à prendre la haute main dans les deux Chambres.

Le passage des *Tories* au pouvoir en Angleterre, depuis la fin de l'année 1834 jusqu'au mois d'avril 1835, força la Belgique, qui craignait à chaque instant la guerre, à continuer ses ruineux armements.

Tant il est vrai que les changements ministériels ne se font point sans influer plus ou moins heureusement sur les affaires extérieures.

Les relations diplomatiques s'équilibrent suivant les rapports des Etats entre eux. Les conventions en diplomatie imposent des obligations réciproques, que l'on ne peut détruire sans occasionner de violentes secousses dans l'ordre politique.

Toutefois, cette crise ne fut que passagère. Puis vint une période de calme qui dura jusqu'en 1836.

Ce n'était assurément pas de trop, car le pays en avait besoin.

Le peuple, toujours surexcité par les diverses phases dans lesquelles la politique se mouvait, pouvait craindre d'un moment à l'autre le renouvellement des hostilités.

Aussi le ministère s'efforça-t-il de se montrer un ministère de paix et de donner au pays des gages propres à le rassurer.

De là une grande activité qui se développa à l'ombre de cette tranquillité tant désirée. C'est qu'il fallait faire face à toutes les dépenses occasionnées par l'armement intérieur, et réparer *les brèches* que la révolution avait faites un peu partout.

Le peuple belge très travailleur ne voulait pas que l'Etat fît banqueroute et il l'aidait puissamment par son labeur.

Pendant cette époque l'industrie prit une grande extension, ce qui enrichit considérablement le pays.

Les industriels et les financiers, à qui la prépondérance dans les affaires qui se traitaient semblait donner un certain prestige, voulurent en profiter pour sortir eux aussi de l'ombre où les reléguaient les partis au pouvoir.

Aussi cherchèrent-ils à créer une sorte de tiers-parti, qui trouva du reste, comme on devait s'y attendre, beaucoup de résistance pour se constituer.

Toute cette classe de citoyens, qui formait en somme une partie riche et intéressante de la population, et qui ne comprenait pas qu'on voulût la tenir à l'écart des affaires publiques, quand on ne pouvait rien faire sans elle, fit beaucoup de bruit en lançant contre le ministère et les gens en places protestations sur protestations.

Cette situation amena une modification du cabinet.

Il fut créé un département ministériel nouveau, celui des travaux publics. On le confia à M. Nothomb.

Le pays se croyait à l'abri de toutes sortes d'aventures quand tout à coup la paix sembla encore un instant compromise.

CHAPITRE VI.

La Hollande suscite de nouvelles querelles. Elle essaie de reconquérir la Belgique.

Le gouvernement hollandais rentre de nouveau en scène. Semblable aux carnassiers qui ne réussissant point à saisir leur proie lui tendent des embûches perfides, il recommença ses agissements souterrains pour essayer de mettre le feu aux poudres.

Il y avait si longtemps, voyez-vous, que tout était tranquille ?

La Hollande n'avait pu voir d'un œil indifférent la nation belge travailler, progresser, grandir.

Aussi ne savait-elle comment s'y prendre pour engager les hostilités, et remettre tout ce qui était fait et acquis sur le tapis vert des négociations.

Elle savait, par expérience sans doute, que ceux qui n'ont rien à perdre, ont tout à gagner d'un bouleversement.

C'était son cas.

Elle ne voulait pas attaquer directement, la maligne qu'elle était !

C'était au moyen de détours, combinés d'une façon machiavélique, qu'elle entendait amener la Belgique à entrer en campagne.

Elle espérait de cette façon avoir le beau côté, et n'être point gênée par les autres nations européennes.

Toutes ces combinaisons échouèrent piteusement, comme nous allons voir.

C'est le Luxembourg que le gouvernement de la Haye devait prendre pour théâtre de ses nouveaux exploits.

A la fin de l'année 1837, il fit mine d'exercer des droits de souveraineté dans ce duché, en s'emparant de la forêt de Grimewald.

C'était audacieux, et la malice était cousue de fil blanc.

La Belgique ne s'y trompa point, et de tous les côtés du royaume s'élevèrent bientôt des protestations unanimes et des démonstrations en masse.

Il n'y eut qu'une voix pour blâmer, comme il le méritait, un pareil acte de violation de territoire, fait au mépris de tous les traités, sans raison apparente, et à la barbe de nations voisines, peu disposées par elles-mêmes à souffrir de pareilles spoliations.

C'était une provocation gratuite de la part du cabinet de la Haye. Chassé honteusement de la Belgique, il essayait par une diversion hypocrite et maladroite de rendre une guerre inévitable avec ce pays.

Il comptait toutefois sans ses hôtes, qui ne lui ménagèrent pas à cette occasion les observations les plus dures et les plus méritées.

La France et l'Angleterre, en effet, jalouses de conserver les traités dans leur entière intégrité, et justement irritées de voir l'attitude offensante de la Hollande, firent entendre un langage énergique qui contraignit ce gouvernement à renoncer à son projet.

Les troupes belges envoyées déjà sur les lieux quittèrent les positions qu'elles avaient prises et rentrèrent dans leurs cantonnements ordinaires.

On le voit, c'est toujours la même pensée qui domine chez le voisin, pensée de conquête ou plus justement pensée de spoliation.

La Hollande n'avait pu digérer sa défaite. Avoir possédé la Belgique, l'avoir traitée comme pays conquis, l'avoir administrée comme pays soumis, avoir fait ses lois et en avoir réglé l'application, puis s'en voir tout à coup dépouillée, tout cela n'était pas fait, je l'avoue, pour en rendre la perte moins amère.

D'un autre côté le pays, las du joug qui pesait sur lui, avait réussi à s'en débarrasser au prix de victoires sanglantes! Les puissances étrangères avaient reconnu cet état de choses, et l'avaient même sanctionné.

Un roi était monté sur le trône, roi choisi et accepté par acclamation. La Hollande contrainte sans doute jusqu'à un certain point, mais sans qu'il soit porté toutefois atteinte à sa liberté d'action, avait signé la paix et souscrit aux modifications apportées à l'état de choses.

Elle acceptait donc les faits accomplis. Elle était donc mal venue aujourd'hui en cherchant à renouveler les troubles et à fomenter la guerre.

Comme un malade qui se raidit contre la mort et qui ne peut point se faire à l'idée qu'il ne guérira pas, la Hollande luttait toujours contre la pensée d'avoir perdu à tout jamais cette belle et riche province où les mines abondaient et où la vie commerciale était si active et si prospère !

Elle avait toujours l'espoir de ressaisir cette proie qui lui avait échappé une première fois. Grisée par cette pensée, tous les moyens lui semblaient bons. Ne pouvant plus compter sur *la raison du plus fort* depuis qu'elle en était chassée, elle s'était ingéniée à faire naître des conflits et même au besoin à inventer des moyens malhonnêtes pour arriver à ses fins.

Nous avons vu qu'elle n'avait pu réussir et qu'elle avait échoué devant la France et l'Angleterre qui surveillaient de près ses agissements.

Sans la France qui se trouvait à ses portes, la Belgique eût été certainement dévorée sous les yeux de la Prusse et des autres états confédérés, qui n'eussent rien dit.

Mais à ce moment-là elle inspirait déjà une crainte salutaire aux voleurs d'Etats, et la nation belge lui doit son indépendance. Ce n'est pas que l'Angleterre n'eût pas agi vigoureusement par voie diplomatique pour conserver à la Belgique sa liberté. Mais que peut une diplomatie sans troupes ?

Et que peuvent les troupes anglaises sur le

continent, surtout réduites à leurs propres forces?

C'est donc grâce à la France que ces étincelles purent s'éteindre assez vite dans ces pays du Nord.

Aussi, il faut bien le reconnaître, il en est résulté une grande sympathie entre ces deux peuples, sympathie que les Allemands ont essayé de détruire, mais que leur désir d'englober la Belgique n'est pas prêt à faire disparaître.

En 1833, après l'établissement du *statu quo*, on mit en vigueur ce qui avait été stipulé par le traité des vingt-quatre articles.

Le 18 août 1836, la confédération germanique donna son assentiment à l'échange du Limbourg contre une partie du Luxembourg, à condition qu'aucun fort ne serait construit dans la partie belge.

Le cabinet de la Haye se vit donc forcé d'accepter ce traité dont le premier résultat devait être pour les Belges l'évacuation du Limbourg et d'une partie du Luxembourg.

Cette modification ne s'opéra point sans susciter de nombreuses réclamations en Belgique, tant il est vrai que lorsque les concessions doivent commencer il est bien rare de voir les choses aller droit.

Il se trouve toujours quelqu'un qui ne veut plus exécuter les conventions. Tant que celles-ci sont à l'état de lettres mortes, tout le monde est d'accord, il n'y a pas le plus léger nuage sur l'interprétation des traités, personne ne se dit lésé ; mais sitôt qu'on en vient à l'exécution, les parties ne s'entendent plus et les plus raisonnables mêmes ont toujours quelques prétentions nouvelles à élever et quelques récriminations à faire entendre.

Les Belges n'avaient point raison dans cette circonstance. Ils avaient souscrit à un traité, il fallait l'exécuter, leur honneur y était engagé. Nous comprenons sans doute le sentiment de patriotisme qui dictait leur détermination.

On ne se sépare pas en vain de provinces qu'on a toujours regardées comme siennes, on ne laisse pas entre les mains de l'étranger des concitoyens sans laisser percer le mécontentement et la colère.

Ils n'eussent pas été excusables du contraire. Nous lassons-nous, nous aussi, de faire entendre des récriminations bien dures contre l'enlèvement de l'Alsace et de la Lorraine de la patrie française ?

Ne pleurons-nous pas toujours la perte forcée de ces deux provinces ?

Tout un mouvement se produisit en Belgique. Les représentants des deux Chambres votèrent des adresses, adjurant le pouvoir exécutif de maintenir l'intégrité du territoire.

Ce fut surtout dans les parties soumises à l'échange qu'une extrême agitation se manifesta.

Partout on arbora les couleurs belges, on le fit avec ostentation : on ne voulait pas se séparer de la nation sœur.

Un conflit éclata avec le gouverneur de la forteresse de Luxembourg, conflit qui pouvait amener une issue fâcheuse.

A Bruxelles, des scènes tumultueuses provoquées par les courtiers électoraux, chercheurs de révolutions, éclatèrent notamment dans la journée du 31 mai.

La situation se compliquait, comme on voit. Elle amena le roi à faire une déclaration à l'ouverture des Chambres le 13 novembre.

Il voulait que le peuple apprît par sa voix combien était grand son amour pour ce pays, comment il comptait en défendre la grandeur et l'unité !

Sa déclaration fut nette, énergique sans être provoquante, mais fière, noble, empreinte d'un réel sentiment de patriotisme.

Le roi disait qu'il saurait défendre avec constance et courage les intérêts du pays dont il avait la garde vigilante et fidèle.

Personne plus que lui ne savait le prix qu'on devait attacher à l'intégrité du territoire, et autant que qui que ce soit il ressentait les amertumes et les douleurs d'arracher à son affection un peuple qui l'aimait et qui ne désirait que partager le sort de ses frères !

Ses paroles, toutes empreintes du même sentiment national, furent accueillies par un tonnerre d'applaudissements.

La nation tout entière à ce cri de guerre, car c'en était un, sentit courir chez elle un frisson belliqueux. Les rues s'emplirent de jeunes gens chantant des chansons patriotiques : des clubs se formèrent où des orateurs, dans de bouillantes improvisations et sous le coup d'une émotion bien excusable, excitaient leurs concitoyens à marcher à l'ennemi, et à se faire tuer tous plutôt que de livrer une parcelle de territoire.

Les membres du parlement eux-mêmes suivirent le courant de l'opinion publique.

L'attitude martiale du chef de l'Etat, en présence de tout ce qui se passait, ne devait pas rester isolée dans la Chambre ni dans le pays. M. Dumortier répondit à ces paroles solennelles du trône par une adresse rédigée en termes fort belliqueux.

On arma en Hollande et en Belgique naturellement. La France crut devoir concentrer des troupes sur les frontières pour assurer le respect du protocole définitif de la conférence en date du 22 janvier 1839.

Ce protocole réglait l'échange des territoires et contenait quelques adoucissements aux conditions financières imposées à la Belgique.

Cette attitude ne fit que surexciter l'esprit belliqueux des Belges. Car, il ne faut pas l'oublier, à cette époque la fibre patriotique était chez eux tellement irritable et susceptible que la moindre émotion les transportait d'un extrême à l'autre, sans transition.

On rappela les soldats en congé : on fit un pressant appel aux engagés volontaires : les forteresses d'Anvers et de Venloo (cette dernière devait être cédée à la Hollande) reçurent des garnisons de renfort.

Tout fut remis en état pour soutenir une guerre longue et acharnée.

Les préparatifs étaient poussés avec une grande activité. On réunissait le matériel de campagne : On approvisionnait les places fortes : partout les trains ne déchargeaient que soldats et munitions de guerre.

C'était un va-et-vient continuel, et cet état de choses, loin de calmer la bouillante ardeur des Belges, ne fit que l'entretenir et l'exciter.

On fit de pressants appels auprès des officiers supérieurs retraités dont le nom et la renommée guerrière pouvaient inspirer de la confiance aux soldats, et les entraîner en excitant chez eux tous un enthousiasme patriotique.

On appela même jusqu'à des étrangers. C'est ainsi que la Belgique prit à son service l'ancien général polonais *Skrzynecki.*

Ce fut une faute que l'immixtion de l'étranger sous les yeux des puissances qui avaient le devoir de faire respecter le protocole.

La Belgique pouvait ainsi jeter en Europe des ferments de discorde. Cet état de choses aurait pu gagner d'autres provinces et faire naître des soulèvements. Aussi, les envoyés d'Autriche et de

Prusse réclamèrent-ils contre cette mesure et quittèrent-ils momentanément Bruxelles.

La cour belge ne savait trop que faire. S'aliéner les grandes puissances, c'était perdre pour toujours peut-être les fruits de tant de sacrifices et de tant de dévouements.

C'était peut-être permettre à la Hollande de recommencer ses revendications avec la neutralité bienveillante de l'étranger, et voir disparaître à tout jamais l'indépendance de la Belgique !

Cette situation donnait donc sérieusement à réfléchir, car une question qui pouvait paraître si peu importante au premier abord, mettait presque en question l'existence même de la nation.

On essaya la résistance : on ne voulut pas tout d'abord céder, mais le mécontentement des grandes puissances se traduisit d'une façon si ferme et si violente que le roi Léopold, poussé dans ses derniers retranchements, ne tarda pas à céder.

La prudence, meilleure conseillère, prenait enfin le dessus et parvenait à assurer la tranquillité.

Le général polonais fut mis en non-activité, et

les deux ministres partisans de la guerre, Ernest et Hérard, donnèrent leur démission.

En présence de cette situation nouvelle, les esprits se calmèrent un peu. Chacun reconnut qu'il fallait que le *droit* représenté par les *conventions* primât la *force*.

La Chambre elle-même, moins sujette à la pression du dehors, d'où partaient les excitations des clubs et de la foule, put jusqu'à un certain point délibérer en paix.

Ce fut un grand bien pour ce pays à qui son ardeur belliqueuse allait peut-être faire perdre la liberté.

Toutefois, il ne faut pas se le dissimuler, la situation fut grave, et n'eussent été les puissances attentives à la délibération des Chambres, il n'est pas sûr que la ratification de l'exécution du traité en fût sortie.

Ce fut le 16 février 1839, après de violents débats, comme on devait s'y attendre, et où la passion l'emportait souvent sur la raison, que les Chambres votèrent.

A la Chambre des représentants 13 voix seulement de majorité témoignèrent de la violence de l'opposition. Enfin le 19 avril suivant eut lieu la signature du traité par la Belgique et les autres puissances.

Un dernier traité subséquent, en date du 19 octobre 1842, eut pour but de terminer la liquidation des dettes mises à la charge respective de la Hollande et de la Belgique.

On peut voir aisément par ces différences de date combien d'années durèrent ces pourparlers avant d'arriver à cette conclusion pacifique si ardemment désirée dans l'intérêt des deux pays.

La longueur des négociations, les tergiversations par lesquelles elles passèrent ne furent point indifférentes à l'état d'exaspération dans lequel s'entretinrent les esprits.

La lenteur est souvent funeste. Il est des questions brûlantes, comme ces questions d'annexion, qu'il faut résoudre vite et sans tarder.

Il faut frapper ces coups sans hésitation.

C'est comme un malade atteint de la gangrène.

Si le médecin tergiverse, usant de mille moyens pour faire traîner la maladie, sous prétexte de chercher à conserver la partie malade, il est rare que le patient ne succombe pas !

Si au contraire il fait immédiatement l'amputation du membre infecté, il sauve le malade ! Mieux vaut le tout que la partie.

Il ne faut pas donner au peuple le temps de la réflexion, de la discussion, de l'organisation.

Il ne faut voir que le fait acquis, que le fait consommé.

Sans quoi, c'est la révolte inévitable, c'est l'esprit national étroitement uni par le sentiment de la patrie, la communauté de langage, des mœurs, qui se réveille et s'insurge, et qui, bien naturellement et d'une façon tout à fait excusable, finit par soulever tous les cœurs indépendants.

CHAPITRE VII.

Catholiques et libéraux.

En 1840, lors de la complication survenue dans la question d'Orient, le gouvernement belge saisit ce prétexte pour accroître ses forces militaires.

C'était prudent et sage. C'était le seul moyen vraiment efficace pour commander le respect.

Quand on est fort on n'est plus agressif et l'on ne craint pas les agresseurs.

Dans le but de faire respecter la neutralité du pays, au cas où l'état des choses se compliquerait par une conflagration de tous les États européens, le roi Léopold demanda l'augmentation de son budget. Ainsi, la Belgique voulait se constituer d'une façon sérieuse.

Mais toutes ces luttes à l'extérieur ne suffisaient pas à passionner les esprits. Il leur en fallait d'autres. C'est à l'intérieur, à la source même où devait régner la tranquillité que la désunion se manifestait avec le plus de violence.

Une lutte sourde, ardente, continuait sans trêve entre le parti libéral et le parti catholique.

Pendant longtemps ces deux partis cherchèrent à s'entendre par une coalition désignée sous le nom d'*Union*. C'était au moment où ils avaient tous les yeux fixés sur l'étranger.

Mais ils ne tardèrent pas à se diviser. Ils n'avaient pas de but commun, et ne pouvaient s'entendre sur les moyens à suivre.

Le parti libéral, comme tous les partis révolutionnaires, voulait le progrès, mais le progrès *vite*, sans arrêt, en bouleversant. Il voulait arriver à son but par n'importe quels moyens, fût-ce même par la violence.

C'était un parti de désordre et non un parti de gouvernement, comme il s'intitulait volontiers et sans pudeur.

Le parti catholique voulait également des réformes, mais il les voulait basées sur la raison, sur la justice, sur l'expérience, cherchant à faire admettre ses idées progressivement, sans secousse, sans troubler l'harmonie économique de l'Etat, sans froisser les intérêts privés, toujours éveillés et toujours susceptibles.

Il ne faut pas oublier que la tortue va moins vite que le lièvre, mais qu'elle arrive au but avant lui.

Les catholiques veulent également le progrès, mais le progrès mûri, déjà réalisable, et alors qu'il est bien et dûment établi qu'il est en rapport avec les mœurs de la nation et nécessaire au bien-être de l'Etat.

Car, ne l'oublions pas, il est de principe fondamental en politique pratique que l'Etat doit primer tout.

Il est le directeur de la nation qu'il administre avec toute la liberté et tout le pouvoir qui lui sont concédés par les lois constitutionnelles.

Il est le moteur de *tout* et non pas l'humble serviteur de *tous*.

Il impose sa direction et ne doit jamais se laisser dominer. Si le valet commande au maître, tout se détraque, et une fois l'harmonie brisée les révolutions se succèdent.

Le parti catholique, que la passion n'aveuglait pas, qui savait justement résister aux réclamations stupides et idiotes des foules, agissait avec sagesse.

Il devait tôt ou tard recueillir les fruits de cette politique circonspecte. La prudence s'allie très étroitement à la bonne administration qui est un art difficile et ardu.

C'est cette marche lente qui impatientait le parti libéral et soulevait ses protestations.

Les libéraux, en effet, étaient plus ardents, plus irréfléchis, plus brouillons, et moins politiques en ce sens que l'impatience leur enlevait tout le temps nécessaire à combiner leurs idées, à les analyser froidement, à en décrire l'économie qui pût en justifier l'application même momentanée.

Ils voulaient à tout moment qu'une chose se fît sans qu'elle fût étudiée, sans savoir si elle était bien compatible avec l'état social du pays. Une seule chose les préoccupait : la réalisation de leur programme n'importe comment.

Ils ne pouvaient comprendre qu'il existât à côté d'eux un parti plus calme, plus ferme, moins accessible à toutes les idées qu'enfante l'imagination des révolutionnaires, idées seulement pratiques sur le papier, où elles engendrent les brandons de discorde civile en échauffant les cerveaux affaiblis.

Aussi la rivalité s'établit-elle violente et acerbe entre ces deux partis politiques.

Il n'est pas d'accusations viles, ineptes, mensongères que le parti catholique n'eût à supporter de la part du parti libéral.

Ces accusations, disons-le vite, étaient bien mal fondées, et se manifestaient avec d'autant plus de violence que les deux partis étaient très montés l'un contre l'autre, et qu'en général les libéraux ne brillaient pas par leur bonne foi.

Le parti libéral accusait le parti catholique d'être rétrograde. (Il n'y a rien de nouveau sous le soleil.) Il ne trouvait pas qu'il allât assez vite. Il ne se soupçonnait pas, lui, d'être un parti simplement révolutionnaire.

La franc-maçonnerie, sortant du rôle humanitaire que lui assignaient ses devoirs et ses statuts, se lança, comme aujourd'hui en France, dans le tourbillon politique et devint un des piliers de l'armée révolutionnaire.

Le parti catholique soutint énergiquement la lutte.

Dans la campagne électorale les libéraux visèrent les réformes dans leur programme. Ils demandèrent l'égalité du cens dans les villes et dans les campagnes, ainsi que l'obligation de savoir lire et écrire attachée à l'exercice des droits électoraux.

Et pour ne pas perdre le bénéfice d'avoir inventé quelque odieuse calomnie, ils ne craignirent pas, dans un but de calcul égoïste et méchant, d'accréditer, dans les villes et les campagnes, le bruit que le clergé voulait rétablir les dîmes.

Songez-donc ; c'était une vraie trouvaille et comme hypocrisie elle était réussie. Les libéraux n'avaient point perdu leur temps, comme on voit.

Ces blâmables excitations poussèrent les populations de Liège et des environs à des excès odieux contre des missionnaires et contre l'évêque.

Partant du même point de départ, l'affaire des décrets de mars 1881, en France, n'a-t-elle pas également produit l'effet le plus déplorable sur l'esprit des populations et condamné le libéralisme de ceux qui plaçaient leur odieuse action sous l'invocation de la liberté !

Et il ne faut pas l'oublier en effet ; ce sont précisément ceux-là qui crient le plus fort à la violation des lois par les autres, qui président au règne de l'injustice.

Il n'y a pas de pires autocrates que ces faux démocrates. Avec leur égoïsme, ils ne veulent de libertés que pour eux, comme si les démocrates sincères et loyaux ne doivent pas vouloir la liberté pour tout le monde !

Gouverné par de pareils saltimbanques politiques qui revêtent tant de costumes divers, il devient de plus en plus difficile au peuple de croire désormais au libéralisme !

Cette situation mal équilibrée devait amener des changements dans le ministère.

En mars 1840, le cabinet Rogier-Lebeau, succéda au ministère de Theux.

Ce ministère ne tarda pas à rencontrer de l'opposition. Il accorda une amnistie et fit un emprunt de 90 millions, destiné au remboursement de quelques dettes et pour couvrir les frais de quelques entreprises industrielles. L'opposition catholique se fit vivement sentir.

Au milieu de tant d'esprits surexcités par les passions politiques, et que la conduite des libéraux aigrissait de plus en plus, les catholiques se virent obligés de combattre vigoureusement, s'ils ne voulaient pas se laisser piétiner impunément par des ennemis irréconciliables et qui ne se feraient point de remords de les écraser par tous les moyens possibles.

Cette lutte, devenue nécessaire, s'engagea âpre et pleine de violence entre ces partis qui se disputaient déjà la prépondérance.

Le ministère, qui louvoyait, cherchait toujours à concilier, à transiger.

Aucun des partis en présence ne voulait de ces fausses situations et la lutte continuait sans cesse dans la presse comme à la tribune pleine d'animosité, pleine de virulence.

Le sénat vota le 17 mars 1841 une adresse à la couronne engageant le roi à aviser aux moyens propres à faire cesser les dissensions intestines qui régnaient au sein de la représentation nationale.

Ce vote du sénat sema un peu de défiance. Déjà cette roue nécessaire au char de l'Etat était tenue en suspicion par sa petite sœur, la Chambre des représentants.

Rien n'était bon si ça venait du sénat. On suspectait ses actes. On voulait bien le *supporter* en tant que corps de l'Etat, mais on désirait qu'il restât tranquille sans jamais manifester ni pour ni contre.

En fait de libéraux, les membres de la Chambre des députés ne reconnaissaient qu'eux seuls !

La presse ensuite s'empara de cette adresse, la regarda comme un défi de la noblesse porté à la bourgeoisie, et jeta un peu d'effervescence parmi les conseils municipaux des grandes villes qui protestèrent. Le roi fut sommé de dissoudre les Chambres.

Il ne voulut pas dissoudre le sénat, la seule barrière raisonnable contre les passions effrénées et les provocations inutiles des libéraux !

Le ministère harcelé par ceux-ci donna sa démission et fut remplacé par un ministère de transition (avril 1841).

Et c'est toujours ainsi quand on a la faiblesse de céder. La politique qui cède, qui recule, n'est point une politique sûre, ni durable. L'énergie seule assure le maintien, et c'est par la durée au pouvoir des capacités que s'alimentent les sources de la prospérité nationale.

Non, encore une fois, les *politiques* qui cèdent aux menaces ou aux représailles sont incapables, sont indignes de détenir le pouvoir et la cause qu'ils ont mission de défendre.

Pour conserver des rênes aussi vacillantes que celles du pouvoir, il faut une poigne de fer, et pour les diriger une volonté de fer. Les lâcher un peu, c'est anéantir de son plein gré tout ce qu'on a pu consolider, c'est ramener le désordre insensiblement, c'est proclamer avec le temps l'anarchie, c'est se suicider.

Dans ce ministère de transition rentra le général *Buzen*. Il y tenait le portefeuille de la guerre.

De graves accusations s'élevèrent bientôt contre lui, au commencement de 1842. On parlait de concussion. Il ne survécut pas à ces dénonciations; il se suicida.

Le général de brigade *de Liem* le remplaça au ministère. Les élections partielles qui devaient avoir lieu à l'occasion des 48 élections destinées à remplir les vides que devait opérer dans la Chambre des représentants l'expiration des pouvoirs de la moitié de ses membres furent l'occasion d'une lutte acharnée entre libéraux et catholiques, en même temps qu'une ouverture d'hostilités contre le ministère.

M. *Nothomb*, ministre de l'intérieur, voulut essayer d'un système de transaction. Il ne réussit pas. Tant il est vrai que les demi-moyens, les demi-mesures sont condamnés d'avance, qu'il ne peut y avoir que des utopistes ou autres espèces de centre-gauche, pour essayer de ces moyens édulcorés qui ne réussissent jamais, parce qu'en politique comme en médecine les meilleurs remèdes sont les remèdes les plus énergiques.

Le 3 juin 1848 se firent les élections.

Elles ont cela de particulier à la Belgique que les résultats varient peu.

Les mêmes candidats, à peu de chose près, furent réélus.

Au milieu de ces élections et de ces menées électorales, la nation belge, plus pratique que la nôtre, soucieuse de ses intérêts et point envieuse de ses voisines, vivait tranquillement.

Situation bien extraordinaire, il faut l'avouer, au milieu du déchaînement des passions, de l'ardeur de la lutte et des haines soulevées de part et d'autre. Dans ces mêlées bruyantes les réputations s'atteignent partout un peu. Résultat inévitable de ces intempérances de langage qui naissent de l'exaltation des idées et de la fermentation des esprits.

La calomnie elle-même s'en mêlera, espérant secrètement ternir la réputation d'un adversaire loyal !

Elle sait qu'il en reste toujours quelque chose ; mais celui qui brigue les honneurs doit s'attendre à tout et rester sur la brèche.

Aussi, à quoi pouvait-on attribuer ce calme étonnant de la nation belge?

A la lassitude?

Au découragement ?

N'était-ce pas plutôt au dégoût.

Sur ces entrefaites, et profitant toujours en sournois des dissensions que pouvait semer parmi les mêmes concitoyens l'esprit politique, le parti orangiste essaya de relever la tête.

Pareils à ces vipères qui veillent enroulées et cachées, attendant l'ennemi pour se jeter à l'improviste sur lui et le mordre, ces chercheurs de querelles crurent le moment venu de se montrer.

Ils pensaient profiter des colères amassées, des haines inassouvies, des vengeances méditées. On le croyait à jamais disparu ce parti des guerres civiles et voici qu'il apparaissait encore !

On découvrit une conspiration dont l'idée première remontait bien loin et dont on avait toujours retardé l'exécution. Cette découverte fit grand bruit et de nombreuses arrestations eurent lieu. Il n'était que temps !

Songez donc ; une révolution en plein cœur du palais ! C'était dans l'armée elle-même, au milieu de ces troupes qui avaient juré fidélité à leur souverain, c'était parmi ces généraux qui avaient fait serment d'obéir à leur roi que la trahison s'était fait jour.

Des soldats, oubliant que leur honneur consiste dans une conscience sans tache, dans une parole sans flétrissure, dans un serment inviolable, avaient laissé leur cœur s'ouvrir à l'odieuse trahison !

Le soldat qui est traître à sa patrie est un être abject, abominable, infâme. En trahissant son roi il trahit sa patrie, il vend son honneur !

Les principaux coupables n'échappèrent point à la justice, et la Cour d'assises de Bruxelles vit paraître devant elle les chefs du mouvement, les généraux *Vandermeer* et *Vandersmissen*. — La Cour d'assises les condamna à la peine de mort ainsi que plusieurs de leurs complices.

Le roi Léopold, toujours plein d'une généreuse pitié, même pour d'aussi grands criminels, commua leur peine en vingt années de détention.

Le général Vandersmissen s'évada au mois de novembre 1842. C'est ordinairement le sort réservé à ces tristes conspirateurs auprès desquels les forçats auraient parfois le beau côté de la comparaison.

Les portes de la prison s'ouvrirent pour le général Vandermeer le mois de février suivant. Il dut aller vivre en Amérique avec quelques-uns de ses complices auxquels le roi Léopold fit également grâce.

Ainsi finit cette conspiration qui menaça de renverser le meilleur des rois pour ne servir que l'étranger et le vil intérêt de quelques ambitieux.

CHAPITRE VIII.

Développement de la Belgique sous Léopold Ier.

C'est au roi Léopold qu'est dû le traité de commerce signé entre la Belgique et la France le 16 juillet 1842. Ce traité réglait l'entrée des toiles belges en France, ainsi que l'importation de nos produits en Belgique, tels que les soieries, les vins, le sel.

Il paraît qu'à cette époque nous avions encore des diplomates capables de faire des traités qui fussent relativement avantageux pour notre pays.

Sans vouloir rabaisser l'orgueil légitime des nations voisines ni leur imposer des conditions par trop dures, nous pouvions nous vanter à juste titre d'occuper un rang digne de notre nation, digne de nos forces nationales.

Nos conseils étaient écoutés sinon suivis; il

suffisait de faire un signe pour qu'on marchât sans mot dire; notre prépondérance était assurée.

Que reste-t-il aujourd'hui de cette situation? Où sont ces hommes d'Etat qui rehaussent notre diplomatie et qui assurent notre prestige?

Comme nous sommes descendus bien bas depuis quatorze ans avec les sinistres farceurs qui nous ont gouvernés!

La pente a été rapide, c'est vrai, mais en attendant nous sommes forcés d'avouer que depuis bien longtemps nous pataugeons dans la boue.

Telle est la situation déplorable dans laquelle nous ont laissés les diplomates de la République française, plutôt faits pour boire une chope ou entreprendre des expéditions lointaines que pour augmenter le prestige et la richesse de notre infortuné pays!

Pendant ce temps nous n'avons qu'à jeter les yeux autour de nous pour voir tous les Etats, si minimes soient-ils, grandir, prospérer, s'unir, former des alliances contre nous.

Car ne l'oublions pas, la République telle qu'elle est pratiquée avec nos députés est considérée comme un poison dont tous les Etats qui veulent vivre en paix doivent se garder avec rigueur.

Si nos républicains avaient quelque fierté dans l'âme, ils ne voudraient plus rester une minute ce qu'ils ont été jusqu'ici.

Mais hélas ! chez ces gens l'appât du gain prime tout ! On ne rencontre plus de ces nobles élans d'autrefois. Egoïstes, personnels, chacun d'eux veut jouir au préjudice de son voisin, car l'appétit fait loi pour tous.

En fait de maîtres, ils en reconnaissent des masses. Ils s'aplatissent devant tous ceux qui leur donnent des places, quitte à les renier aussitôt que l'influence de ces derniers a disparu.

Leur reconnaissance est mesurée à la puissance de ceux qui les protègent.

Triste régime que celui qui abâtardit ainsi les caractères et qui prend à plaisir de faire régner parmi les masses l'esprit d'indiscipline et de désorganisation !

C'est également au roi Léopold que la Belgique dut de rentrer dans l'association des Etats européens composant l'union douanière allemande. (*Zollverein.*)

C'était un grand avantage pour ce petit Etat que de faire partie de cette association où étaient entrées les plus grandes puissances de l'Europe.

Il allait trouver ainsi des débouchés nombreux pour tous ses produits, et comme l'industrie prenait un développement considérable, les commerçants allaient pouvoir utiliser les nouveaux traités en répandant dans toutes les contrées voisines, à des prix défiant presque toute concurrence, et suivant une taxe unique d'entrée établie par l'union douanière, le trop-plein de leur production.

Cette faculté désormais d'augmenter leur vente et de produire, avec la facilité d'écouler qui leur était donnée, permit aux industriels d'ouvrir des usines plus nombreuses, d'augmenter leur personnel et de doubler ainsi leur fabrication.

Il y eut dans tout le pays une fièvre de travail qui augmenta bien vite sa prospérité et sa richesse. Le bien-être vint avec le travail, et la fortune couronna les efforts des plus assidus.

Cette situation nouvelle devait concourir à assurer à l'Etat une source de prospérité considérable.

Toujours désireux de ce qui pouvait être pour son pays un motif de bien-être, le roi Léopold allait de l'avant, cherchant à obtenir ce qu'il désirait par les voies les plus correctes, sans avoir besoin de recourir à la force dont il savait ne pouvoir encore user.

Il cherchait à associer son peuple à toutes les inventions, à toutes les découvertes, à tous les progrès. Il tendait à en faire un peuple grand, riche et puissant.

Grand ! Il l'avait fait par la consécration de son indépendance.

Il le faisait riche par l'extension de son commerce, l'activité qui régnait dans toutes les branches de l'industrie et les nombreux réseaux de chemins de fer qui couvraient déjà le pays.

Il le rendait puissant en le faisant entrer dans le concert européen, en l'imposant aux nations civilisées et guerrières qui traitaient déjà *de pair* avec lui !

Il cherchait à l'associer à tous les peuples intelligents en le faisant s'initier à tous leurs travaux, en le faisant bénéficier de toutes leurs inventions.

Roi dans toute la force du mot, le prince Léopold était véritablement le père de ses sujets, n'ayant de veilles que pour leur bonheur, n'ayant de préoccupation que pour leur prospérité morale et matérielle. Il traitait son pays en enfant gâté, lui tolérant parfois certaines sorties qui eussent mérité une répression plus sévère.

Il suivait attentivement tous les développements

extérieurs prêt à en profiter s'il les voyait conciliables avec le bien de sa nation.

Il serait difficile, en remontant l'histoire, de trouver un prince plus fermement attaché au bonheur de son peuple, qui l'aimât davantage, qui fût plus prévoyant et possédât de plus grandes qualités.

Sans doute, et comme un phare lumineux, apparaissent parfois de grands génies qui révolutionnent leur pays par l'audace de leur entreprise et la grandeur de leur conception. Ceux-ci sont grands en effet mais dans la sphère spéciale qui les concerne.

Le roi Léopold fut grand comme eux, car il créa la Belgique, on peut l'affirmer, et la fit ce qu'elle est aujourd'hui, grande et indépendante.

Il put donc à juste titre, et pendant l'espace d'une vingtaine d'années qu'il administra cet Etat, passer pour le génie de ce pays !

Sous une telle impulsion un peuple grandit forcément : ses finances sont en bon état, ses intérêts deviennent le souci perpétuel de ses gouvernants, sa position s'améliore sans cesse tant au point de vue économique qu'au point de vue de ses relations extérieures. La Belgique appréciait cet état de choses et savait son prince animé des meilleures intentions.

Heureuse contrée à qui tout souriait !

Plus malheureuse fut notre pauvre France quand elle tomba entre les mains des hommes du 4 septembre 1870 qui la pillèrent et la ruinèrent !

Mais revenons à l'administration intérieure de la Belgique.

L'acte le plus important accompli par le premier cabinet *Nothomb* fut la loi sur l'enseignement primaire. Cette loi libérale laissait aux adversaires du cabinet une large influence pour l'instruction.

Elle fut sanctionnée presque à l'unanimité des Chambres, car *là-bas* la liberté est pour tous et les gens au pouvoir ne cherchent point à s'en faire un privilège.

Pour les vrais libéraux, en effet, il n'y a pas deux manières d'entendre la liberté. Elle est pour tous, sans distinction de castes, ou elle n'est pour aucun.

Si un parti se l'attribue exclusivement, et si c'est le parti au pouvoir, elle n'est plus la *liberté*, elle devient dictature entre les mains de ceux qui en abusent pour tyranniser leurs adversaires.

N'est-ce pas ainsi du reste que les républicains

français l'ont comprise en accablant sous leurs persécutions les catholiques, et en usant arbitrairement de tous les pouvoirs qu'ils ont usurpés à la nation.

Ils ont proclamé le règne de l'injustice, car ils ont frappé le faible sans raison ; ils ont décrété des lois persécutrices sans motif, achetant les consciences, se faisant un piédestal de toutes les ignominies, de tous les crimes, de toutes les infamies amassées sans honte ! ....

En 1843, des élections nouvelles eurent lieu en Belgique. L'opinion avancée gagna quelques sièges. Le ministère Nothomb ne démissionna point. Mais en 1845, les nouvelles élections, suivant du reste la marche des événements et la progression des idées révolutionnaires, envoyèrent une plus forte majorité radicale.

Cette fois-ci le ministère, fidèle à la règle constitutionnelle, ne voulut pas rester plus longtemps au pouvoir.

Il démissionna et M. Van de Weyer remplaça M. Nothomb.

La loi sur l'instruction primaire revint à l'ordre du jour. Les radicaux trouvaient exorbitant qu'on laissât un peu de liberté aux autres. Ils cherchèrent à la restreindre et essayèrent de tous les moyens pour arriver à leur but.

Mais le ministère tint bon, et s'il succomba ce fut dans la défense des droits et prérogatives de la puissance civile. On le vit alors se retirer avec des collègues éminents tels que messieurs Malou et Dechamps.

M. Van de Weyer retourna à Londres reprendre le poste diplomatique qu'il y avait constamment occupé depuis 1830.

Ce changement préoccupa vivement les esprits politiques.

La situation des partis à la Chambre s'était modifiée considérablement, et il fallait étudier quelles étaient les vues de cette nouvelle majorité.

Le roi Léopold ne voulut point dissoudre les Chambres ni faire de suite au parti libéral toutes les concessions qu'il réclamait. Il avait devant lui une Chambre où dominait l'élément catholique. Il lui donna un ministère catholique présidé par M. *de Theux.*

Pouvait-il faire autrement que de se conformer aux lois constitutionnelles bien qu'il sentît l'orage gronder par derrière ?

Les mauvaises passions agitaient à elles seules

le pays plus que tous les changements et les bouleversements dans les administrations.

Chaque parti mettait un acharnement particulier dans la défense des loís sur l'instruction primaire.

Et cela se comprend.

Il n'était pas loisible au parti catholique de fuír le débat, de déserter la place.

C'était son devoir de porter haut et ferme le drapeau de l'instruction religieuse qui fait la force des nations en leur conservant leur foi et leur morale. Rien n'est plus grave que les lois sur l'instruction. D'elles seules dépend l'avenir d'un pays.

L'instruction sans la morale, comme on prétend la donner aujourd'hui, c'est la négation même de tout Etat, de toute société organisée.

Quelques stupides philosophes athées, parmi lesquels se distingue, en France, le découpeur de chiens Paul Bert, par haine de la religion, sans souci des grands principes qui sont le fondement de *tout*, et sans lesquels il n'est pas possible de poursuivre hardiment une réforme utile et solide, veulent, à l'instigation de leur haine féroce et aveugle, détruire toute espèce de philosophie religieuse.

Et par quoi veulent-ils la remplacer cette philosophie qui enseigne le bien, la fraternité, l'amour du prochain, exclusive de tout esprit du mal, ne comportant que les grands principes de bonté et de générosité dont la nature de l'homme bien dirigée est capable !

Ils veulent la remplacer par une instruction sans Dieu, par une morale républicaine qui enseignera prématurément la débauche à l'esprit abusé du jeune homme et de la jeune fille.

L'histoire, dans les mains de ces libres penseurs, sera calomniée à plaisir. Les faits seront tronqués et falsifiés impunément.

Leur but est la destruction de la religion, rien de plus.

Pour ce faire, ils corrompront les cœurs sans honte, ils déverseront dans l'âme de ces enfants sans expérience la liqueur empoisonnée que l'esprit du mal leur commande de répandre !

Ils traitent leurs adversaires de jésuites, et il n'est pas de *Bazile* plus cynique et plus impudent que ces faux démocrates qui outragent la liberté au seul profit de leur haine.

Voilà l'œuvre de ces misérables qui ne voient pas la patrie, qui ne pensent pas à la patrie, qui n'aiment pas la patrie !

Ils auront beau faire, ils ne détruiront pas complètement la morale qui nous vient de Dieu et qui est innée chez l'individu. Ils pourront peut-être et jusqu'à un certain point l'obstruer, arrêter le développement qu'elle pourrait acquérir au contact d'une instruction religieuse et vraiment libérale, mais là s'arrêteront leurs impuissants efforts.

Sans doute ils feront du mal et leurs doctrines perfidement répandues produiront des pépinières de criminels.

La morale ne s'improvise point. Elle s'identifie avec le sujet et a besoin d'être soutenue pour se développer suivant les bons ou mauvais penchants de l'individu.

La morale religieuse cherche à corriger les mauvais instincts que la nature humaine apporte avec elle. Elle cherche à détruire les germes mauvais et malsains au profit de ce qui est bon et honnête. Elle tend à perfectionner tout ce qui est sentiment d'honneur, de respect, de bonté, de douceur, de charité, en un mot tout ce qui peut être profitable à l'homme et perfectible chez lui. Sans elle les mauvais instincts prennent le dessus, l'esprit de l'individu est dévoyé et corrompu.

Regardez un peu au fond de ces prisons de réclusionnaires et voyez ce qui s'y passe.

Sans un enseignement moral qu'obtiendrait-on de ces êtres dégradés ?

Tandis qu'à ce contact moralisateur on dompte leur nature bestiale et féroce, leur caractère s'assouplit et on parvient à les faire obéir et travailler comme le premier bon sujet venu.

Essayez au contraire à leur inculquer les principes de *Bert* et autres *savantoches*, et vous verrez ce que vous en retirerez au point de vue de la docilité !

Toute morale s'explique et s'affirme par les résultats qu'elle produit.

L'athéisme est la négation de toute morale.

Détruire est le but de tout enseignement athée.

C'est ce qu'ils appellent de la morale positive.

Or, il m'apparaît qu'il vaut mieux édifier que détruire, et la morale religieuse est seule capable de remplir ce but.

Elle porte avec elle sa force et sa nécessité.

Vivre sans morale, c'est vivre sans conduite, c'est mener une existence déréglée. Il n'y a pas de milieu.

Il faut subir une morale quelconque dès le bas-âge, qui influera nécessairement sur la vie.

La morale est la même partout, car elle procède

du même principe. Elle ne modifie point son enseignement au gré des individus. Son guidon brille du même éclat dans tous les pays. Qui l'aime, le suive !

Les lois sur l'instruction visent particulièrement l'enfant. Ce sont elles qui le pétrissent, l'élèvent, le forment. C'est sous leur influence que les générations doivent croître.

Aussi est-il du devoir de chacun d'empêcher le plus possible l'envahissement de l'athéisme dans les classes primaires. Ce serait la destruction lente mais assurée de toute société.

Ils sont d'autant plus infâmes ceux qui spéculent sur la jeunesse pour la corrompre et l'avilir.

Du reste, les libéraux cherchent à faire pour leur enseignement ce qu'on appelle en Angleterre *de l'obstructionnisme*.

Ils veulent tout diriger à leur façon, à l'exclusion de tout autre parti, usant de la liberté pour eux, mais la violant sans scrupule vis-à-vis des autres, persécutant quand même, dictateurs sans délicatesse, tyrans par plaisir..........................

Le parti libéral se remuait beaucoup en Belgique. Il faut avouer qu'il a toujours été plus entreprenant que le parti catholique, et qu'aujourd'hui même encore les radicaux n'obtiennent leur succès que par les bruits de grosse caisse qu'ils font autour de leurs personnes, prenant aisément à leur glu les badauds qui les écoutent.

Donc, le parti libéral se remuait. Il faisait des réunions, convoquait des congrès où l'on pût discuter les intérêts politiques de la nation.

Dans le congrès de Bruxelles se fit remarquer plus particulièrement l'avocat *Frère,* devenu plus tard ministre.

Dans ce congrès, qui comprit 360 membres au moins, et qui eut un grand retentissement, voici les principaux points sur lesquels on tomba d'accord : réduction successive du cens électoral jusqu'au chiffre minimum fixé par la constitution comme principe fondamental. (Remarquons que c'est un pas, un grand pas vers l'abolition du cens, que c'est l'opportunisme belge qui se dessine et s'affirme déjà.)

— Diminution du cens électoral dans les villes sans toutefois l'abaisser au niveau de celui des campagnes ;

— Indépendance du pouvoir civil de l'influence ecclésiastique ;

— Pouvoir exclusif de l'Etat sur l'enseignement donné par lui.

— Affranchissement du clergé inférieur, soustrait autant que possible à l'influence épiscopale.

Pendant que ce congrès se tenait à Bruxelles, une réunion considérable d'évêques avait lieu à Liège à propos du 600me anniversaire de l'introduction de la procession du Saint-Sacrement par sainte Julie.

Ils en profitèrent pour délibérer sur quel parti ils devaient prendre en face des menées des libéraux (lisez : radicaux).

Dans les élections de 1847, les libéraux eurent le dessus. Le ministère se retira. Mais à la Chambre, la scission se produisit bien vite entre les vieux libéraux (opportunistes belges) et les jeunes libéraux (radicaux).

Remarquons en passant que nos républicains de France n'ont fait que copier les radicaux belges. Ainsi, et comme eux, ils veulent la séparation de l'Eglise et de l'Etat. (Et pourquoi ne leur accorderait-on pas, l'Eglise libre devant devenir nécessairement plus forte.) — L'Etat enseignant seul avec ses laïques et le clergé affranchi du joug des évêques !

Se figure-t-on le domestique affranchi de la tutelle de son maître, le soldat affranchi de celle de son officier, le fils de celle de son père !

Mais enfin c'est insensé, ou ces radicaux sont bien mauvais, bien méchants et bien bêtes.

Avec la situation que créaient les élections en Belgique, il fallait un cabinet qui donnât satisfaction à tous et particulièrement aux idées de la nouvelle Chambre. Il fut composé de messieurs Rogier, d'Hoffschmidt, de Haussy, Veydt, Chazal et Frère-Orban. — C'était l'entrée au pouvoir des libéraux.

Le roi, dans sa sagesse et sa prudence, voyant le résultat acquis, dut s'y conformer et se rallier au nouveau ministère. Il donna satisfaction à la majorité transformée et à l'opinion publique.

Le programme de la nouvelle politique fut : Indépendance absolue du pouvoir civil à tous les degrés de la hiérarchie administrative ;

— Respect profond pour la religion et ses ministres. — Puis il annonça l'apparition de divers projets de loi, tels que l'attribution au gouvernement de la nomination des commissions d'enquête, le retrait de la loi adoptée sous le ministère *Nothomb*, qui laissait le roi libre de choisir les bourgmestres en dehors des conseils municipaux.

Ils ne voulaient point toucher aux tarifs douaniers, ils voulaient opérer au profit des consommateurs un remaniement complet des taxes sur les objets de première nécessité et venir en aide à l'agriculture. Malgré cette bonne volonté de chercher à faire au peuple le plus de bien possible, la situation de ce ministère fut toujours des plus difficiles.

Du reste, vouloir contenter tout le monde est chose impossible, et puis il y a une chose bien vraie, passée à l'état d'axiome, c'est que plus un ministère sera bon, modéré, conciliant, moins il aura de chance de durée.

En politique surtout, il faut agir énergiquement, frapper les esprits par des actes d'éclat, leur en imposer par une attitude pleine de fermeté et de sévérité. C'est le plus droit chemin à la politique des résultats, seule politique efficace, puisqu'elle est la seule productrice. — Le prince de Bismarck, en Prusse, en est l'exemple le plus frappant. Et qui pourrait nier la haute portée de ses actes ?

Il faut se soucier beaucoup des intérêts de la nation que l'on est à même d'étudier et de comprendre, et ne s'occuper que relativement de l'esprit des Chambres qui ne font souvent les récalcitrantes que parce qu'elles sentent le besoin de faire la course aux portefeuilles.

Dans la nouvelle assemblée belge la solution des affaires les plus graves tenait souvent à une simple majorité de 7 à 8 voix.

La Chambre haute qui n'avait point été soumise à la réélection se montrait hostile au ministère Rogier.

Remarquons en passant que, depuis quelques années où la lutte s'est engagée aussi ardente entre les libéraux et les catholiques belges, la majorité des Chambres varie peu. Elle augmente parfois de 3 ou 4 voix dans chaque assemblée. Les deux partis sont donc à deux doigts de jeu et les dernières élections belges ont démontré aujourd'hui encore qu'il eût fallu peu de chose, un bien léger déplacement, pour rendre le pouvoir aux catholiques.

Le ministère Rogier n'aimait pas beaucoup non plus le sénat. Il ne lui portait pas une affection fraternelle. Aussi, l'avait-il menacé de dissolution deux fois déjà, en 1841 et en 1846.

Quoi d'étonnant dès lors que le sénat continuât à se montrer plein de méfiance vis-à-vis de ce ministère qui deux fois avait voulu le chasser.

Son hostilité n'était que la conséquence des actes du ministère à son égard. Il se tenait sur la plus grande réserve, ne voulant point recevoir les coups et dire *merci* par-dessus le marché.

Toutefois, au milieu de grands embarras et de difficultés réelles, le ministère Rogier sut se conduire avec fermeté.

Il réorganisa le pays, dont la prospérité commerciale augmenta. Il créa les premiers réseaux de voies ferrées. Il vint en aide aux classes laborieuses, donna une impulsion nouvelle à l'esprit national, répandit dans les masses les idées du ministère sur les droits et les devoirs politiques, créa de nombreuses écoles agricoles et industrielles, des ateliers et usines-modèles, des bibliothèques populaires, des caisses de retraite, etc., etc.

C'était comme une fièvre de changements qui parcourait le pays. Toutes ces transformations successives révolutionnaient cette contrée, mais elles étaient utiles, nécessaires pour le parti qui détenait le pouvoir. Outre que ces améliorations servaient au bien-être du pays, elles profitaient au ministère.

Celui-ci, en effet, comme tous les ministères

nouveaux, cherchait à maintenir son influence et sa popularité par les travaux populaires qu'il ordonnait et par la richesse que leur exécution apportait dans le pays.

Cette situation nouvelle avait un but, c'était de modifier en faveur des libéraux l'état social même de la Belgique. Car il ne faut pas oublier que dans toutes ces combinaisons, qui recherchent avec tant d'éclat *la grandeur d'un pays*, se trouve toujours derrière l'intérêt personnel qui active l'initiative de l'homme d'Etat.

Vers la fin de 1848, le ministère Rogier eut une lourde période à traverser. C'était au moment où les tempêtes révolutionnaires ravageaient la plus grande partie de l'Europe.

Cette année fut plus dure que l'année 1847 où la détresse des Flandres et la situation besogneuse des classes pauvres rendit la situation si difficile.

Les moments d'effervescence surviennent vite et quand l'ouvrier crie famine, quand le travail cesse, la machine sociale peut craquer d'un moment à l'autre.

Toutefois, et au milieu des difficultés que cette situation précaire avait créées, le ministère sut consolider la prospérité nationale en imprimant à l'intérieur un essor plus puissant que jamais.

Il semblait plus préoccupé des souffrances du peuple que des événements qui se succédaient autour de lui.

Il sut se maintenir dans une sage réserve vis-à-vis des puissances étrangères minées par les révolutionnaires.

Il était à craindre qu'à chaque instant une étincelle quelconque vînt mettre le feu chez eux.

De tous les côtés bouillait la révolution dont on entendait de loin les sourds grondements.

Le ministère, qui comprenait le danger que pouvait courir la Belgique à un moment aussi critique et quand les complications pouvaient surgir d'un moment à l'autre, se tint prudemment à l'écart, resta chez lui, ne s'occupant que de ses propres affaires.

Sa conduite réservée était sage et prudente ! Dans une mêlée générale il pouvait arriver qu'un Etat plus gourmand que les autres, profitant des bouleversements, voulut englober une partie de ce territoire qui venait à peine de se créer et qui ne possédait pas encore des forces suffisantes pour repousser par les armes les prétentions d'un envahisseur.

Cette sorte de bouillonnement qui précède et accompagne toujours les révolutions se faisait un peu sentir en Belgique. Le ministère avait déjà assez de peine à diriger les esprits, à calmer leur ardeur toujours prête à sortir des limites.

Il ressentait le contre-coup de ce qui se passait en France, où la révolution, faisant perdre la couronne au roi Louis-Philippe, laissait le pays entre les mains des factions rouges.

Cette pauvre France se voyait encore en butte aux bandits de la République. Et cependant où était son intérêt à chasser ce prince qui lui avait donné l'Algérie, qui s'était toujours montré doux et bon pour ses sujets, dont le règne fut si prospère pour le commerce et l'industrie ?

Le roi Léopold allié à la famille du roi Louis-Philippe ressentit directement les atteintes de cette indigne révolution.

La polémique des journaux s'aggrava bientôt, et les vociférations de la canaille, qui est la même dans tous les pays, se firent bientôt entendre sous les fenêtres royales. Dans sa fierté native le roi Léopold ne voulut pas paraître garder le pouvoir par force.

Il désira faire acte d'indépendance absolue et

d'abnégation complète. Il montra par là un des plus beaux exemples de désintéressement royal qu'il nous ait été donné d'admirer et d'applaudir.

Il déclara en effet, avec une noblesse de caractère et une loyauté de sentiments que peu de souverains ont jamais montrées, qu'il se tenait prêt à déposer ou à conserver la couronne constitutionnelle, suivant la volonté de la nation. Il voulait rester le roi librement acclamé ou s'en aller s'il n'avait plus la confiance de ses sujets.

Il est certain qu'il est des moments où les souverains doivent être profondément écœurés en voyant tout ce qui se passe aussi bien au-dessous d'eux qu'au-dessus. Et quand ils conservent le pouvoir dans ces conditions il faut leur en savoir gré, car c'est par pur sacrifice.

Cet appel si loyal, si franc, si honnête produisit un effet immense sur le pays. Ce fut par des démonstrations bruyantes qu'on demanda le maintien de l'ordre existant. On réclama avec instance la confirmation de la constitution belge.

Le peuple acclamait de nouveau devant l'hôtel royal le prince, qui semblait ne plus tenir à une couronne pour laquelle il essuyait depuis quelque temps des affronts si sanglants.

Ces manifestations très flatteuses, de la part d'un grand nombre d'habitants de Bruxelles, touchèrent vivement le roi.

Les mécontents furent désarmés, et la puissance du monarque s'accrut d'autant par toutes ces marques de bienveillance et par cette seconde consécration sur le trône royal de Belgique.

Le roi sentit bien vite, après tout ce qui venait de se passer, qu'il était nécessaire d'avoir une milice dans la nation, pour former un noyau capable d'être utilisé aussi bien contre les ennemis de l'intérieur que contre ceux du dehors.

Cette organisation était urgente et réclamée impérieusement pour la tranquillité publique.

Les Chambres accordèrent pour la défense et l'indépendance de la nation une imposition extraordinaire de huit douzièmes sur la propriété foncière, un emprunt forcé de vingt-cinq millions de francs pour l'armée et l'industrie, et la garantie de l'Etat à une émission de trente millions de francs en billets de banque.

Après ces différentes émissions il y eut encore beaucoup de modifications qui furent elles-mêmes la conséquence des bouleversements antérieurs, et que réclamait impérieusement le corps électoral par la voix autorisée de ses représentants.

Il fallut faire quelque chose, donner quelques appâts à ces trop friands politiques, de manière à calmer un peu les esprits en leur laissant entendre qu'on prenait en considération leurs réclamations.

Toutefois, il n'est pas toujours bon de céder ; les exigences croissent et l'appétit des radicaux n'est jamais satisfait. — Nous en voyons des exemples tous les jours.

Les ministres se hâtèrent donc de présenter des projets successivement adoptés :

Abaissement du cens électoral à 40 francs ;

Abolition de l'impôt du timbre sur les journaux ;

Incompatibilité des fonctions publiques avec le mandat législatif.

Toutes ces réformes annoncées à grand fracas calmèrent les plus bouillants, apaisèrent les moins difficiles sans satisfaire complètement les *plus purs* qui restèrent toujours inquiets et défiants.

A la suite de la Révolution française, des mouvements insurrectionnels s'étaient étendus jusque sur la frontière belge. Beaucoup de mauvais citoyens, profitant de ces moments critiques où la société effarée est à la merci du premier brigand venu, où l'autorité sapée est détruite, où la propriété n'est plus respectée et où la peur paralyse les forces et la volonté, cherchaient à imposer leur manière de faire.

Ils pillaient là où ils pouvaient être sûrs de ne rencontrer que peu de résistance, assurés qu'ils étaient de ne point être en butte aux recherches des gendarmes.

Les ouvriers eux-mêmes, toujours prêts à profiter des moments propices à pêcher en eau trouble, se joignirent au mouvement, quittant leurs ateliers pour courir prendre les armes et faire le brigandage sous prétexte de défendre et de porter secours aux lois violées et outragées.

C'est toujours ainsi que cela se passe: parmi ceux qui combattent réellement pour une idée bonne ou mauvaise, peu importe, il s'en trouve toujours un grand nombre pour se mêler aux combattants sous le prétexte de les aider, quand c'est tout simplement pour profiter des occasions de piller et de voler.

Dans les derniers jours de mai 1848, on vit quelques centaines d'ouvriers belges et français, agissant, suivant toute apparence, à l'instigation des hommes de discorde qui présidaient à ce moment aux destinées de la France, munis d'armes et de munitions par le préfet du département du Nord, envahir la Belgique.

Ils cherchaient à entraîner la nation dans le mouvement français, toujours par sympathie, comme disent les républicains. — Mais le pays fit preuve d'une répulsion profonde pour ces aventuriers, chercheurs d'émeutes, et s'en montra vivement blessé au point de vue de son indépendance.

Ce fut le 25 mars (les émeutiers semblent avoir une prédilection pour cette date) que ce ramas d'aventuriers franchit la frontière belge.

Arrivés à *Risquons-Tout (village voisin de la station du chemin de fer à Mouscron, et dont le nom était bien caractéristique)* les troupes belges les dispersèrent en un clin d'œil.

Ils sont tous les mêmes. Ils font beaucoup de bruit, beaucoup de tapage, mais ils sont comme le lait qui bout : il suffit de souffler dessus pour les calmer.

Une partie de ces bandits furent faits prisonniers ; le reste fut rejeté sur le territoire français.

Les chefs de cette expédition lilliputienne étaient un avocat de Gand du nom de Spilthoom, un autre belge appelé Grégoire, qui se donnait le titre de général en chef et de président de la République, l'allemand Bornsteldt et le suisse *Beker*.

On voit que cet état-major révolutionnaire manquait d'homogénéité. C'était plutôt grotesque que redoutable.

Du reste, cela se passe de la même façon dans tous les pays où des révolutions se font, où des émeutes surgissent. Ce sont toujours les aventuriers des pays voisins qu'on voit à la tête de ces mouvements, gens sans aveu, qui n'ont rien à perdre.

La plupart du temps, chassés de leur patrie ou traqués par la police, ils ne se mettent à la tête des mouvements insurrectionnels que pour profiter d'une situation louche et fausse, quitte à fuir au moment propice pour échapper aux responsabilités.

Ils sont les mêmes partout. En 1871, la Commune de Paris avait récolté ses chefs un peu partout comme cela. On y voyait des Polonais qui n'étaient point nobles, des Russes qui n'étaient point boyards, des Italiens qu'il eût été difficile de prendre pour des *Monsignori*.

Tous ces chefs et sous-chefs n'étaient qu'un ramassis de cliques, canailles, bandits de toutes espèces. Chez ces gens il n'est pas plus question de patrie que de patriotisme.

Quand ils invoquent leurs idées politiques, c'est pour fournir un prétexte à leurs actes et couvrir leurs turpitudes d'un semblant de raison.

Mais quand on a vu les vols auxquels ils ont présidé, les pillages auxquels ils se sont livrés, les assassinats qu'ils ont commis ou laissé commettre; quand on a vu les ruisseaux de sang qu'ils ont fait couler dans le but de satisfaire seulement leur férocité, qui donc serait tenté de croire désormais aux théories de pareilles brutes, et qui voudrait les absoudre!

Par suite de l'adoption de la nouvelle loi électorale, la Chambre fut dissoute, et au mois de juillet 1848, la nouvelle Chambre se réunit. Les libéraux avaient eu complètement le dessus.

Ils allaient donc réaliser leur programme sans prétexter les obstacles ou les difficultés. Ils étaient les maîtres et par conséquent libres de faire ce qu'ils voudraient.

Toutefois, cette nouvelle Chambre ne put user qu'avec modération de son pouvoir, car si elle avait effectivement la majorité absolue, elle n'ignorait pas combien était forte la minorité et elle voulait respecter en principe les droits de celle-ci qui, somme toute, représentait presque la moitié de la Belgique.

En 1849, le gouvernement belge conclut avec la France un nouveau traité de commerce pour dix ans, ayant pour base, comme celui de 1838, la réciprocité.

C'était le meilleur moyen du reste d'assurer aux deux puissances l'équité la plus parfaite, et d'éviter que l'esprit de jalousie s'en mêlât et vînt détruire la concorde qui existait naturellement.

Le traité conclu avec le Zollvérein fut prolongé.

Dans la session de 1850, le parlement donna à la question de l'enseignement une solution attendue depuis bien longtemps.

Le ministère Rogier négocia les droits de douane et se montra toujours fidèle au grand principe de la liberté du commerce.

Tous ces traités furent de nouveaux témoignages de bonne entente réciproque Ils remirent en vigueur plus que jamais les droits existant entre les deux pays et fortifièrent la cause industrielle des deux nations.

L'année 1850 ne devait malheureusement pas s'écouler sans apporter au foyer royal une grande et légitime tristesse. A la suite de tous les tracas de la politique, de toutes les peines physiques qui sont la résultante d'un régime constitutionnel où les embarras continuels se créent au moment où on s'y attend le moins, le roi Léopold allait être accablé sous un chagrin plus affreux, plus terrible.

Le 11 octobre, la reine Louise, princesse douée de qualités remarquables, vint à mourir.

Cette perte provoqua dans les masses les expressions de la plus vive sympathie, de la douleur la plus sincère et du dévouement populaire le plus réel à la dynastie.

Aussi peut-on dire à bon droit que cette lamentable mort eut toute l'importance d'un événement politique.

Le roi trouva dans ces manifestations spontanées quelques adoucissements à sa grande douleur, et comprit mieux que jamais, par ce qui se passait sous ses yeux, combien il avait suivi le vrai chemin de la politique nationale. L'affection de son peuple dans cette cruelle circonstance le lui prouvait bien.

D'autre part, il faut bien le dire aussi, la reine Louise était une princesse vertueuse entre toutes, douée des plus exquises qualités. Le peuple belge avait appris à l'estimer et à l'honorer.

Douce autant que généreuse pour les pauvres, dont elle était la mère, elle répandait autour d'elle les aumônes avec une inépuisable charité. — Sa vie pourrait être offerte comme un exemple de vertu à plus d'une souveraine.

Il ne faut pas l'oublier en effet, et les Cours sont sujettes à caution; dans ce milieu élégant et frivole où il faut briller par son rang, par son intelligence, par sa beauté, où tout est mis en jeu pour attiser les passions, où les séductions se multiplient sous les pas, il n'est pas toujours donné à la plus belle de rester la plus vertueuse.

Au milieu de ces courtisans toujours prêts à répandre la calomnie quand ils voient s'échouer leurs projets, au milieu de toutes ces intrigues et de ces complots ourdis dans la coulisse, il fallut, avouez-le, une grande dose de sagesse, de tact, de mesure, pour ne blesser personne et imposer le respect par la dignité de ses manières et la correction de sa conduite.

La princesse Louise resta fidèle à ce rôle. Elle fut, sa vie durant, la digne compagne du roi Léopold.

La douleur du peuple, dans cette pénible circonstance, fut plus sensible au roi que toutes les ovations qu'il avait pu en recevoir.

Dans le milieu de cette même année le ministère subit quelques modifications.

Cela nous amène à constater combien les ministères sont peu stables sous les régimes constitutionnels. Le moindre caprice des députés sur des questions insignifiantes peut renverser des hommes capables de rendre de grands services à leur pays.

Le régime constitutionnel érige en principe l'instabilité ministérielle et détruit par ce seul fait tous les avantages qu'un pays peut retirer de ministères durables, qui peuvent avec le temps étudier les questions, les mûrir et les expérimenter avec fruit.

Mais les députés jaloux sont là, enviant un portefeuille, et trouvant que leur tour ne vient pas assez vite. Ils veulent goûter au gâteau. Ils trouvent que ceux qui le tiennent en ont trop mangé, mais lorsqu'ils le savourent à leur tour, ils ne veulent plus s'en dessaisir.

Cette course aux portefeuilles, qui est inévitable avec le régime constitutionnel, n'est-elle pas un empêchement immédiat au développement de la prospérité d'une nation ?

Pour moi, il n'y a pas de doute là-dessus. Quand on passe son temps dans les intrigues on ne peut le donner utilement à son pays.

Chaque ministère qui se renouvelle produit un dérangement dans la machine administrative et en paralyse momentanément la marche.

Et si cela se renouvelait assez souvent, quelles conséquences désastreuses pour le bien de la nation?

Voulez-vous voir des pays prospères, regardez ceux qui conservent à leur tête leurs mêmes hommes d'Etat, ceux-ci quittent le pouvoir quand la vieillesse ou la mort le leur arrache, et c'est encore pour le confier aux continuateurs de leur œuvre!

Citons l'Allemagne avec ses Bismarck et ses de Moltke, avec ses grands hommes politiques et ses grands hommes de guerre. Citons la Russie avec Gordschakoff, l'Angleterre avec ses Gladstone ou ses Granville.

Mais ne citons pas la France.

S'il nous fallait additionner tous les ministères qui se sont succédé chez nous depuis que la République nous *inonde* de ses bienfaits, à quel chiffre n'arriverions-nous pas?

Je constate qu'en Belgique il y a une tête qui dirige et qui corrige le mauvais effet de ces changements; c'est le roi.

Il fait revivre chez le nouveau ministère les idées de l'ancien. Il cimente le pacte conclu, et en lui revit l'élément disparu. C'est la continuation de la même politique avec des hommes nouveaux; c'est le même principe qui agit, et c'est au nom de ce même principe qu'on agit.

Je ne ferai pas de comparaison avec la situation de la France. Ce serait injurieux pour la Belgique. Le régime républicain nous a donné un président-soliveau. — Autant de ministères, autant d'hommes nouveaux; autant de potentats, autant d'idées nouvelles, autant de politiques nouvelles!

A chaque nouveau ministre, chaque désorganisation et chaque aggravation du gâchis!

Toutefois, et pour les raisons que nous donnons plus haut, la politique générale n'en fut pas modifiée en Belgique.

Le général Briamont remplaça au département de la guerre le général Chazal qui dut donner sa démission à la suite d'un conflit avec la garde civique.

M. Frère prit les finances en remplacement de M. Veydt, en même temps que M. Robin, remplacé plus tard par le professeur Hoorebeke, prenait les travaux publics.

M. de Haussy, ministre de la justice, nommé directeur de la Banque nationale eut pour successeur M. Teesch, savant jurisconsulte.

Les modifications apportées au ministère ne furent pas très sensibles au point de vue des idées.

Seulement, et ce point est à noter, la majorité des ministres apportait avec elle la souplesse nécessaire dans les assemblées parlementaires. Décidés à conserver leurs portefeuilles le plus longtemps possible, ils s'étaient résignés à se soumettre souvent avant de se démettre.

Et cela ne devait pas tarder où ils seraient aux prises avec les difficultés.

Au commencement de l'année 1851 on souleva la question des réductions nouvelles à opérer dans l'armée.

On espérait n'avoir plus à combattre. La monarchie belge se croyait dorénavant à l'abri des coups de mains. Elle comptait sur les puissances, ses protectrices. Elle n'osait plus n'espérer qu'en elle-même puisqu'elle s'attaquait à la source même de sa défense, à l'armée.

La discussion fut vive, violente même, car les patriotes savaient ce qu'ils pouvaient attendre d'une armée bien organisée. Les fauteurs de désordre seuls en *redoutaient* le maintien.

Le ministère soutint faiblement le projet du ministre de la guerre, qui seul tint tête à l'orage et ne voulut se soumettre à aucune réduction dans le budget de son ministère.

Il discuta de pied ferme, n'abandonna aucune partie de son terrain, ce qui ne l'empêcha pas d'être abandonné par ses collègues et de voir le budget de son ministère réduit par la majorité à 25 millions.

A la suite de ce vote, le ministre de la guerre se sépara de ses collègues avec un certain éclat et donna sa démission.

C'est M. Rogier qui dut se charger par intérim de son portefeuille.

Bientôt après surgit une autre question tout aussi brûlante et qui mit aux prises les deux Chambres en suscitant un conflit.

Une loi établissant un impôt sur les successions fut rejetée par le sénat malgré l'appui que la Chambre des représentants prêtait à cette mesure.

Le sénat était la digue qui s'opposait aux envahissements de la Chambre des députés. Mais ceux-ci, loin de se laisser abattre, et plutôt surexcités que découragés par cette résistance inattendue, déclarèrent que la loi serait votée ou le sénat dissous.

Ce jeu des pouvoirs ne paraissait plus guère en balance, surtout quand on voyait le ministère se mettre du côté de la Chambre.

Il pensait avec raison que la plus turbulente et la plus criarde des Chambres serait celle qu'on écouterait le mieux. Et puis il fallait se montrer reconnaissant vis-à-vis de cette Chambre qui pouvait à chaque instant le renverser.

D'autre part les ministres tremblaient pour leurs portefeuilles. Le pays était miné par le radicalisme, le peuple vivait de politique et la Chambre battait à tour de bras de la grosse caisse *au nom des droits populaires*.

Elle se faisait ainsi une immense réclame auprès des électeurs.

Elle avait du reste beaucoup de *flair*, en se remuant comme elle le faisait, car le ministère, usant du droit que lui conférait la Constitution, se hâta de dissoudre le sénat, *coupable de s'être opposé au vote d'une loi adoptée par la Chambre.* On se croirait en France en l'an de grâce 1882.

Le ministère ne se retira pas et voulut présider lui-même aux élections. Elles furent meilleures qu'on ne le pensait et la composition du sénat fut à peu près la même que celle qui s'y trouvait avant sa dissolution. La loi fut amendée et votée par cette nouvelle assemblée.

Du reste, et jusqu'en 1865, les assemblées donnèrent tantôt un ministère libéral, tantôt un ministère catholique. Il y avait un si petit écart entre les deux partis qu'à chaque élection nouvelle il n'était pas rare de voir arriver aux affaires le parti adverse.

En examinant attentivement les principales phases de la vie politique de cet Etat créé par la révolution de Juillet en Europe, en considérant comment le pouvoir s'y exerce, comment l'exercice de l'autorité s'y fait sentir et respecter, combien la fraternité des citoyens est plus intime et mieux comprise, combien le respect des traditions et des personnes est mieux sauvegardé, nous pouvons affirmer hautement, sans crainte de déplaire aux malandrins de la République qui nous gouvernent, que la Belgique est, sous une foule de rapports, plus digne des libertés que nous.

Et si c'est aux hommes néfastes qui ont dirigé les affaires de la France depuis quinze ans que nous devons cette situation abaissée, humiliée, c'est à l'homme éminent que la Belgique a placé à sa tête qu'elle doit en réalité sa grandeur et sa prospérité !

Cuique suum ! A chacun ses œuvres !

Oui, c'est au roi Léopold que la Belgique doit son développement intérieur et extérieur. Puisse-t-elle ne pas faire comme notre pays, c'est-à-dire oublier ceux qui l'auront faite grande et glorieuse, pour se jeter dans les bras de bandits qui n'auront qu'un but : l'avilir !

C'est du roi Léopold que date l'état prospère de la Belgique.

C'est sous son administration sage, son regard vigilant, sa prudence paternelle que se sont accomplies les plus grandes réformes. Ce grand prince fut le fondateur des libertés constitutionnelles.

Son gouvernement toujours sagement libéral, ennemi des extrêmes, travaillait ardemment au développement du crédit public, et cherchait à imprimer par tous les moyens possibles un puissant essor à l'industrie nationale.

Et cela se conçoit. Par le commerce un peuple vit et s'enrichit. Les passions s'apaisent, le calme renaît, l'intérêt commande à tous la paix, et chacun trouve dans ses occupations le moyen le plus fructueux de passer son temps.

Aussi le roi Léopold est-il arrivé à faire de son

peuple un des plus riches au point de vue industriel.

Quel pays pourrait rivaliser aujourd'hui avec lui? Ses réseaux de chemins de fer couvrent le sol de tous les côtés.

Ses fabriques sont multiples et immenses. Leur spécialité les fait rechercher des pays étrangers. Faut-il parler des fins tissus de Malines, des armes de choix qui sortent des excellentes fabriques de Gand et de Liège, etc., etc.?

Aussi le commerce a-t-il pris une extension considérable. Avec cela les nombreuses carrières de charbon et de houille qui se sont ouvertes partout ont été la cause de la création de nombreuses usines métallurgiques, qui ont fait une concurrence utile aux autres peuples mais préjudiciable aux fabricants étrangers. La Belgique a profité de tous ces instruments de travail pour grandir et s'enrichir, juste récompense du travail.

Par ses moyens de transport et ses voies de communication, elle est appelée à devenir la grande voie de transit par laquelle se fera tout le commerce extérieur de l'Allemagne.

Qu'on juge par ce seul fait de l'importance qu'a prise ce royaume, en butte dès son début à la domination étrangère, aux déchirements intérieurs, et que la direction toute paternelle d'un grand patriote a rendu si uni et si puissant! Aussi l'Allemagne, jalouse et envieuse, regarde-t-elle d'un œil plein de convoitise cette voisine, plus travailleuse et plus riche qu'elle.

Le peuple allemand se multiplie, et malgré les émigrations incessantes, il sent toujours le besoin de s'agrandir.

Il convoite certainement les richesses de ce sol qui produit tant, tandis que le sien n'est bon à rien. Cela pourrait lui éviter des conquêtes lointaines et des entreprises coloniales.

L'Allemagne est preneuse, c'est là son moindre défaut. Elle a la bouche grande et la Belgique lui paraîtrait un morceau aussi régalant que l'Alsace et la Lorraine.

Elle connaît les peuples travailleurs et les contrées productives et ne se ferait pas défaut de chercher à se les attribuer. Mais elle se trouverait en face d'une nation libre et indépendante, et tous les bras se lèveraient pour repousser cette invasion de barbares, qui aurait certainement le même sort que celle des Hollandais en 1830.

Et puis, il faut le dire, les peuples voisins ne souffriraient pas une pareille lâcheté.

La France saurait venir en aide à sa voisine et aider de toutes ses forces à la conservation d'une indépendance qui lui paraîtrait d'autant plus chère que son cœur saigne encore au souvenir des provinces alsaciennes qui lui ont été arrachées si violemment.

La Belgique continua à être gouvernée sagement et librement.

La transmission de la couronne à son fils, le roi Léopold II, qui se fit le 10 décembre 1865, ne modifia en aucune façon l'état des choses.

Ce fut la continuation pure et simple des grands principes posés par Léopold Ier.

La ligne politique du fils fut la même et reste la même.

Elle repose entière sur cette pensée dont s'inspira toujours son père : Faire la Belgique grande, forte et indépendante !

CONCLUSION.

Le rôle politique du roi Léopold Ier est surtout remarquable dès le début de sa carrière, quand, aux prises avec les difficultés de l'organisation de l'Etat, il parvint à créer son royaume, à l'unir, à le diriger et à l'administrer avec autant de sollicitude que d'habileté.

C'est à ce moment délicat que les forces intellectuelles d'un prince se révèlent. Doué d'une activité prodigieuse, d'un patriotisme ardent, les obstacles ne faisaient qu'exciter son énergie.

Le rôle conciliant et dirigeant qu'il garda jusqu'au bout de sa carrière sont les signes manifestes de son talent et de son adresse.

C'est encore un témoignage puissant de l'énergique volonté de ce prince que, tout en conservant le régime constitutionnel, il sut malgré tout rester le maître et le roi !

Cela établit clairement qu'il était homme d'Etat dans toute l'acception du mot, joignant à la prudence, à la finesse du diplomate, l'énergique volonté du soldat, suivant les circonstances et suivant les besoins de la patrie.

Une fois son royaume créé, assis, organisé, il n'eut plus qu'à mettre en pratique le régime constitutionnel et à laisser faire, tout en réglant la marche des événements.

La Belgique ne l'ignore pas; si elle existe, si elle vit, elle le doit à Léopold Ier.

Sans la fermeté, sans la ténacité patriotique, sans l'ardent amour d'indépendance de ce prince, elle fut certainement restée une province hollandaise, ou engloutie par quelque voisin gourmand.

Mais elle vit, grâce à son roi ! Elle continue à devenir glorieuse et prospère, grâce à Léopold II, qui a suivi les traditions paternelles, et consacre lui aussi au service de son pays ses instants de chaque jour, ses veilles de tous les instants.

Léopold II s'est fait un devoir de rester comme son père : roi constitutionnel.

Il avait une tâche bien difficile et bien ingrate à accomplir pour conserver au trône paternel sa vieille renommée de grandeur et pour ne pas laisser péricliter entre ses mains l'œuvre nationale d'indépendance qu'avait poursuivie si heureusement, et au milieu de tant de difficultés, son noble père.

Œuvre immense par sa portée, quand on envisage froidement toutes les difficultés auxquelles elle a donné lieu, toute la patience, toute l'indomptable énergie qu'il a fallu déployer ; mais œuvre féconde, œuvre salutaire, quand on songe au développement intellectuel, moral et matériel de ce nouveau peuple arraché de l'esclavage et rendu à la liberté !

Il faut être vraiment fort pour accomplir une pareille mission, et il faut être doué d'un grand amour pour le bien public pour se sacrifier si entièrement à lui.

Les fatigues envahissent le corps humain, qu'on soit à l'atelier travaillant du matin au soir, ou sur un trône, veillant jours et nuits, assailli par les tracas, les soucis, menacé par les criminels, en butte à toutes les colères, à toutes les haines, à toutes les passions !

Ce fut pourtant l'œuvre de Léopold Ier.

L'histoire impartiale apprécie sainement ce qu'il a fait et loue hautement son œuvre politique.

Ce n'est pas pour le peuple belge que j'écris ces pages.

Il sait ce qui se passe chez lui.

C'est pour répandre autour de moi, dans les pays limitrophes de la Belgique, l'exemple de cette royauté, et faire en sorte que les peuples s'inspirent des idées vraiment sages et libérales que Léopold Ier a fait fleurir !

Car en France nous avons la tyrannie, l'oppression dans ce qu'elle a de plus odieux.

La liberté ! On n'en a que le mot. Pour qu'elle soit, il la faut large et complète, sans limite, sans abstraction ni distinction !

La liberté renferme dans son propre mot sa signification. Elle doit luire pour tous.

Quand on éteint quelques-uns de ses rayons, elle pâlit et disparaît tout entière.

Elle *est* ou elle n'*est* pas. Il n'y a pas de milieu. Sur cette question le *radicalisme* est plus logique que l'opportunisme.

En France, nos gouvernants ont plein la bouche du mot liberté.

Dites-moi un peu ce que les faits répondent, et trouvez-moi un pays qui soit moins libre et où l'injustice soit plus manifeste !

Il n'est besoin que de rappeler les persécutions religieuses, soit dans les hôpitaux, soit ailleurs ; la fermeture des établissements libres, les tracasseries et les poursuites auxquelles sont en butte les réactionnaires, les abus des préfets qui soustraient tous leurs actes aux tribunaux compétents pour les porter devant les tribunaux de conflit où ils sont juges et parties, etc., etc. . . . .

Non, nous ne sommes ni libres ni égaux comme en Belgique.

C'est pourquoi il m'a plu de parler de ce petit royaume si grand par le cœur, si fort par son union, si généreux par ses idées !

Aujourd'hui l'œuvre du père se trouve hardiment soutenue par le fils.

Outre les améliorations successives dont il a doté son pays, le roi Léopold II vient d'inaugurer à Anvers une des plus magnifiques expositions universelles.

Il lui eût été difficile de choisir une ville mieux appropriée à la circonstance. Anvers possède un port magnifique.

C'est une place forte avec une bonne citadelle. Il se fait dans le port de grands chantiers de construction.

On y voit la magnifique église de Notre-Dame, dont la flèche atteint 120 mètres de hauteur. L'hôtel de ville est remarquable comme monument du XVIe siècle.

Anvers possède un riche musée de tableaux, une académie de peinture, une école de chirurgie, un jardin botanique magnifique où l'on voit des collections d'animaux splendides.

Remplie des chefs-d'œuvre de *Rubens*, cette ville est l'Athènes de l'art flamand. L'industrie y est active et le commerce considérable. La province d'Anvers est très fertile.

Le roi a ouvert en personne ce palais du travail et de l'industrie, réunion de toutes les inventions et de toutes les perfections. L'Europe, le monde entier a répondu à l'appel du peuple belge, et c'est au milieu du concours de toutes les nations civilisées du globe que le roi a fait l'ouverture de cette exposition qui fait déjà oublier celles qui l'ont précédée..

Quelles richesses, quels trésors amassés dans ce port d'Anvers, devenu pour quelques mois le palais intellectuel du monde entier ! Là viennent y briller toutes les capacités, tout ce que le génie humain a pu fournir de plus précieux, tout ce que l'intelligence de l'homme a pu créer, tout ce que la patience unie au savoir et au travail a pu produire ! C'est une nouvelle Golconde avec ses diamants et ses richesses incalculables, fruits merveilleux de l'art humain !

Toutes les nations y sont représentées, et l'affluence des étrangers, qui accourent visiter toutes ces merveilles du génie, est bien une preuve de l'accroissement que prend chaque jour ce pays.

Léopold II doit être fier de son œuvre en contemplant les résultats obtenus.

Le développement de l'industrie, l'activité commerciale gagnent tous les jours sous son règne, et cette brillante exposition de 1885 n'en est-elle pas la meilleure preuve ?

Le pays s'en ressentira longtemps, et au milieu de cette émulation des exposants, les Belges brillent au premier rang.

Du reste, on les voit partout figurer avec honneur, que ce soit chez eux ou dans des expositions voisines.

C'est là le résultat le plus clair d'une politique sage et bien conduite.

C'est là la continuation évidente de l'œuvre

commencée par Léopold Ier. C'est l'accroissement successif d'un peuple dont la richesse commerciale s'augmente sans cesse, sous la direction paternelle et l'impulsion vigilante d'un roi aimant son pays et tenant à son développement.

Toutefois, là-bas comme chez nous, je dirais même comme partout, les sectaires de l'anarchie lèvent audacieusement la tête. Ils cherchent par leurs menaces à intimider le pouvoir.

Si le roi Léopold II se laissait aller à leurs conseils, il ouvrirait la porte à la révolution et sacrifierait d'avance sa couronne !

Car, dans le courant révolutionnaire qui cherche à remonter le cours des temps modernes, une fois qu'on s'y laisse aller un peu, on s'y laisse bientôt emporter tout entier.

Et puis, pour être agréable à un petit nombre d'individus remuants et ambitieux, doit-on sacrifier une nation tout entière?

Non certes, le roi Léopold le sait mieux que qui que ce soit ! L'intérêt de son peuple lui commande de veiller sans cesse et de rester au poste de combat !

Il n'y faillira pas, et les bons citoyens peuvent compter sur lui.

Qu'ils se groupent donc plus unis que jamais autour de leur roi, et la révolution n'entamera jamais une citadelle fortifiée par cinquante-trois ans de règnes si glorieux et par la fidélité incessante que les Belges ont toujours montrée à leurs princes !

Comme son père, Léopold II cherchera à concilier ensemble et à faire vivre en harmonie ces trois mots que nos passions politiques d'aujourd'hui semblent à jamais exclure de notre pays !

Progrès, Justice et Liberté !

Saint-Maixent. — Impr. REVERSÉ.

www.ingramcontent.com/pod-product-compliance
Ingram Content Group UK Ltd.
Pitfield, Milton Keynes, MK11 3LW, UK
UKHW021123220726
13924UKWH00004B/1878